Christine Schirrmacher

Islam und Demokratie
Ein Gegensatz?

W0060088

Christine Schirrmacher

Islam und Demokratie

Ein Gegensatz?

SCM Hänssler

SCM

Stiftung Christliche Medien

© der deutschen Ausgabe 2013
SCM Hänssler im SCM-Verlag GmbH & Co. KG · 71088 Holzgerlingen
Internet: www.scm-haenssler.de · E-Mail: info@scm-haenssler.de

Umschlaggestaltung: Jens Vogelsang, Aachen
Titelbild: shutterstock.com
Satz: typoscript GmbH, Walddorfhäslach
Druck und Bindung: CPI – Ebner & Spiegel, Ulm
Gedruckt in Deutschland
ISBN 978-3-7751-5451-2
Bestell-Nr. 395.451

Geht es Ihnen nicht auch so? Über manch einen Themenbereich würde man gerne als Normalbürger Bescheid wissen (oder muss es vielleicht sogar). Doch was die Fachleute schreiben, ist im Normalfall zu kompliziert und zu umfangreich. Wer hat schon Zeit, sich in jedes Thema wochenlang einzuarbeiten!?

Hier wollen wir Hilfestellung leisten. In *Hänssler kurz und bündig* geben Fachleute, die sich mit einem Thema schon seit Jahren intensiv beschäftigen, kurz und verständlich einen Überblick über das, was man wissen muss, wenn man Bescheid wissen will und mitreden können möchte.

Dabei enthält jeder Band der Reihe *Hänssler kurz und bündig* die folgenden Elemente:

- Fakten und Basisinformationen
- die Diskussion kontroverser Fragen
- praktische Hilfen und Hinweise zum Weiterarbeiten

All das ist so angelegt, dass der Leser sich in zwei bis drei Stunden (also etwa statt des Abendkrimis oder auf einer Zugfahrt) ein Thema in seinen Grundlagen aneignen kann. Die Anwendung im Leben oder das anschließende Gespräch mit anderen wird dann aber sicher etwas länger dauern...

Ich würde mir wünschen, dass dieser kleine Band Ihren Horizont erweitern kann und die Informationen liefert, die Sie suchen.

Thomas Schirrmacher

Vorwort des Herausgebers

Arabellion, Demonstrationen im Iran, Anschläge der Hamas in Israel, Bundeswehreinsätze in Afghanistan und in der Türkei, »Islamkonferenz« in Berlin, Erdogan in Deutschland, Religionsunterricht und Imamausbildung an deutschen Universitäten – an dem Thema »Islam und Demokratie« kommt kein Fernsehzuschauer, kein Zeitungsleser und kein Entscheidungsträger mehr vorbei. Doch wo eigentlich zunächst Information gefragt wäre, scheinen Schlagzeilen und Negativnachrichten sowie Schwarz-Weiß-Urteile das Thema zu besetzen. Doch wer hat schon so viel Zeit und das nötige Hintergrundwissen, um sich ausführlich in die Thematik einzuarbeiten?

Hier kommt der Band »Islam und Demokratie« bei *kurz und bündig* gerade richtig. Denn zwei Stunden sollte jeder für ein Thema investieren können, das uns noch lange in Atem halten wird. Die Autorin ist für das Thema dreifach gewappnet. Zum Ersten kennt sie die relevanten Texte islamischer Vordenker im Original und lehrt an mehreren Universitäten, Akademien und Behörden zu diesen Themen. Zum Zweiten kennt sie viele muslimische Theologen und Intellektuelle von persönlichen Begegnungen, solche, die sich nicht im Sinne der Demokratie äußern ebenso wie Vorkämpfer für Freiheitsrechte. Und Drittens hat sie viele islamische Länder bereist und dabei viele Menschen vor Ort kennengelernt.

Der Band kommt deswegen differenziert und faktenbetont daher, bleibt aber nicht im Nebulösen stecken, sondern bezieht Position. Der große Erfolg der beiden anderen *kurz- und bündig*-Bände der Autorin »Die Scharia« und »Islamismus« zeigt, dass das auch bei solch emotional besetzten Themen möglich ist.

Thomas Schirrmacher

Warum existieren bis heute unter den islamisch geprägten Staaten so wenige Demokratien? Stellen Islam und Demokratie unvereinbare Gegensätze dar? Verbietet der Islam die Einführung demokratischer Systeme? Oder gibt es innerhalb der islamischen Theologie und Geschichte Anknüpfungspunkte, die eine umfassende Begründung und Befürwortung der Demokratie stützen könnten?

Nicht nur für die Region des Nahen Ostens sind diese Fragen relevant, wo das weitgehende Fehlen demokratischer Strukturen – mit Ausnahme der Türkei – augenfällig ist: »*Von den 47 ›islamischen Staaten‹ (solche mit mehrheitlich moslemischer Bevölkerung) sind mehr als 90% nicht ›frei‹; 77% müssten sogar als Diktaturen betrachtet werden*«[1]; eine Sichtweise, die auch nach Ausbruch der Arabischen Revolutionen nicht grundsätzlich zu revidieren ist.[2] Die Frage liegt nahe, ob für diesen Umstand der Islam verantwortlich ist. Allerdings ist ausgerechnet das bevölkerungsreichste islamisch geprägte Land, Indonesien, eine echte Demokratie, ebenso wie der inzwischen überwiegend muslimische Libanon. Sind es also eher gesellschaftliche und politische Entwicklungen, die die Demokratie in arabischen Ländern bisher wenig Fuß fassen ließen? Und: Was müsste sich ändern, damit sich in der MENA-Region,[3] also im Nahen Osten und Nordafrika, echte Demokratien entwickeln könnten?

Aber nicht nur für den Nahen Osten und Nordafrika ist die Frage der Vereinbarkeit von Demokratie und Islam von Bedeutung. Auch für Europa besitzt sie Relevanz, wo Muslime seit über 50 Jahren in demokratischen Gesellschaften leben. Viele schätzen die dortigen Freiheiten und Vorzüge überaus, inklusive der demokratischen Strukturen, und leben lieber in westlichen Gesellschaften als in ihren Herkunftsländern bzw. den Herkunftsländern ihrer Vorfahren. Teilweise haben sie europäische Staatsbürgerschaften angenommen. Einige ihrer Meinungsführer und Theologen warnen jedoch die muslimische Minderheit nachdrücklich vor einer zu weitgehenden Integration und Teilhabe an demokratischen Prozessen. Sie rufen sie dazu auf, sich abzuschotten und sich ihrer endgültigen Beheimatung in Europa zu verweigern. Besonders die in die Schlagzeilen geratenen Salafisten fallen durch ihre lautstarke Ablehnung der Demokratie und westlichen Gesellschaft auf. Können sich Salafisten bei ihrem Urteil über die Demokratie auf den Islam berufen? Was sagen Koran, Überlieferung und islamische Theologen zum Thema Demokratie und legitime Herrschaft?

Andere Sprecher der muslimischen Gemeinschaft bejahen die Demokratie zwar als ureigenes islamisches Prinzip, begründen dann jedoch nur Teilaspekte der Demokratie mit dem Islam, während sie andere ablehnen, wie zum Beispiel den freien Religionswechsel auch für Muslime oder die Veröffentlichung von Muhammad-Karikaturen. Damit vereinnahmen sie die Demokratie und deuten sie um, bis sie in ihren vorgegebenen Deutungsrahmen hineinpasst. Sie islamisieren gewissermaßen das westliche Verständnis von Demokratie und modifizieren es im Rahmen ihres eigenen Demokratiekonzeptes: Alle aus ihrer Sicht nicht mit dem Islam zu rechtfertigenden Aspekte der Demokratie müssen abgelehnt werden. Demokratie darf für sie nur das sein, was ihnen nützt (wie etwa die Freiheit zur Verbreitung des Islam), aber nicht, was ihren von der Scharia, dem islamischen Recht, geprägten Rechtsauffassungen widerspricht (wie die westliche Pressefreiheit, die auch die Veröffentlichung von Karikaturen mit einschließt). Dieses umgedeutete Demokratiekonzept ist allenfalls noch ein Bruchstück echter Demokratie.

Wieder andere muslimische Intellektuelle, Theologen oder Autoren haben in den letzten zwei Jahrzehnten verschiedene Modelle der Vereinbarkeit des Islam mit Freiheits- und Gleichheitsrechten sowie der Begründung der Demokratie aus dem

Islam entworfen. Worauf bauen sie ihre Argumente? Sind ihre Entwürfe Wegweiser in die Zukunft? Welche Bedeutung haben sie für die etablierte islamische Theologie? Und welche Voraussetzungen müssten geschaffen werden, um der Demokratie in islamisch geprägten Gesellschaften zu Akzeptanz und Durchsetzung zu verhelfen?

I. Kennzeichen einer Demokratie

Der Begriff »Demokratie«, zusammengesetzt aus »Volk« (griechisch: demos) und »Herrschaft« (griechisch: kratos), stammt aus dem antiken Griechenland und stand dort für eine unmittelbar vom Volk ausgehende und durch das Volk ausgeübte Herrschaft. Der Höhepunkt der dort entwickelten Demokratie wird meist zu Beginn des fünften vorchristlichen Jahrhunderts angesetzt.[4] Im weiteren Sinne bezeichnet der Begriff »Demokratie« eine Regierung, der nach dem Willen einer Mehrheit durch freie Wahlen an die Macht verholfen wurde und die durch deren Willensentscheid legitimiert ist. In einer Demokratie ist also das Volk eigentlicher Träger der Staatsgewalt, das seine gewählten Vertreter mit der Formulierung einer Verfassung und der Gestaltung eines politischen Systems beauftragt.

Demokratien zeichnen sich durch Gewaltenteilung aus, die sich in eine Exekutive (die Regierung), eine Legislative (das Parlament) und eine Judikative (unabhängige Gerichte) gliedert. Demokratien agieren im Rahmen der geltenden Verfassung und respektieren die dem Bürger sowie einzelnen Gruppen (besonders Religionsgemeinschaften) zugesprochenen Grundrechte. Dazu zählen vor allem die politische und persönliche Meinungs-, Presse-, Religions- und Organisationsfreiheit. Demokratien räumen politischen Oppositionen Existenz- und Handlungsspielräume ein sowie die Möglichkeit zur freien Meinungsäußerung und friedlichen Veränderung der Machtverhältnisse.

Von einer Demokratie wird erwartet, dass sie ein rechtsstaatliches System verkörpert, Rechtssicherheit schafft, ihre Vertreter für ihr Handeln dabei zur Verantwortung gezogen werden können und diese sich selbst an die geltenden Gesetze halten. Echte Demokratien lassen allen Bürgern die freie Wahl zwischen verschiedenen Volksvertretern. Insbesondere räumen sie ihren Bürgern die Möglichkeit ein, eine Regierung durch Mehrheitsentscheidung friedlich abzulösen und durch gleiche, freie, allgemeine und geheime Wahlen durch eine andere ersetzen zu können.

Obwohl es in der Politikwissenschaft voneinander abweichende Demokratietheorien gibt, besteht weitgehend Einigkeit darüber, dass eine der wichtigsten Grundvoraussetzungen für eine Demokratie die Gleichheit und Freiheit aller Bürger ist: Die grundsätzliche Gleichheit aller Menschen hat ihre Gleichbehandlung vor dem Gesetz zur Folge, aber auch das gleiche Maß an Rechten und Freiheiten, das ihnen innerhalb des Rechtsstaates zugebilligt wird. Die Freiheit der Bürger umschreibt ihre Freiheit zur Selbstbestimmung, die Freiheit zur Bildung einer eigenständigen persönlichen, politischen wie religiösen Meinung und eine daraus sich ergebende Handlungsfreiheit durch die Teilhabe an politischen Prozessen, aber auch die Freiheit bzw. das Recht auf Schutz vor staatlicher Willkür und Rechtsverletzung. Damit sind die demokratischen Grundrechte angesprochen, die inhaltlich eng mit dem Grundsatz von Freiheit und Gleichheit verknüpft sind. Meist sind sie in der Verfassung niedergelegt und einklagbar. Zu den unveräußerlichen Grundrechten gehören in Deutschland etwa der Schutz der Menschenwürde, das Recht auf freie Entfaltung der Persönlichkeit, auf körperliche Unversehrtheit, auf Gleichberechtigung von Männern und Frauen, auf Glaubens- und Meinungsfreiheit sowie auf eine freie Berufswahl.

1. Haben Demokratien christliche Wurzeln?

Eine Demokratie ist keine religiös legitimierte Herrschafts- oder Staatsform, von daher kann sie per se nicht »christlich« sein. Sie besitzt allerdings nach vielfacher Auffassung einige Kennzeichen, die man als politische Umsetzung einiger christlicher Grundprinzipien bezeichnen könnte, auch wenn nicht alle Demokratien – das gilt vor allem für Indonesien und die Türkei – kulturell vom Christentum geprägt sind: »*Heute sind von weltweit 88 freien Demokratien 79, also 90 Prozent, mehrheitlich christlich. Daneben steht eine jüdische Demokratie und sieben mit Mehrheiten fernöstlicher Religionen, wobei in Mauritius und Südkorea die Christen eine zweite große Bevölkerungsgruppe darstellen.*«[5] Dennoch gilt: Das »*Christentum passt zur Demokratie wie die Hand zum Handschuh*«[6], weil »*die freiheitliche Demokratie*« nach Auffassung führender Vertreter der evangelischen wie katholischen Kirche »*in besonderer Weise dem christlichen Menschenbild entspricht*«,[7] auch wenn Christen, wie dieselbe Verlautbarung betont, von »*keinem menschlichen Handeln*« – also auch von keiner Regierungsform – »*die umfassende Verwirklichung des Guten oder gleichsam die Schaffung einer vollkommenen und problemlosen Welt erwarten*« können.[8]

Es ist eine christliche Grundannahme, dass Menschen fehlbar sind und Macht daher zum Machtmissbrauch verleiten kann. Der Versuch, die Macht der Machthabenden zu beschränken, kommt innerhalb der Demokratie durch die Möglichkeit der Abwahl aller demokratisch gewählten Volksvertreter sowie durch das Vorhandensein von Kontrollgremien (wie etwa dem Parlament) zum Ausdruck. Das Prinzip des allgemeinen und gleichen Wahlrechts, das jedem Bürger dieselbe Anzahl an Stimmen und dasselbe Gewicht seiner Stimme zumisst, kann als politische Umsetzung des biblischen Gedankens von der Gleichheit aller Menschen vor Gott betrachtet werden. So wie der einzelne Mensch vor Gott frei ist in seiner Entscheidung und in erster Linie seinem Gewissen verpflichtet, so ist es auch der Bürger in einer Demokratie, in der freie und vor allem geheime Wahlen eine Manipulation der Wahlentscheidung verhindern sollen. So ist stellvertretendes Wählen oder das Beratschlagen mit anderen in der Wahlkabine untersagt.

Als notwendige Voraussetzungen für die Entstehung der demokratischen Verfassungsstaaten nennen manche Autoren darüber hinaus die Entsakralisierung weltlicher Herrschaft, also die Abkehr von der Auffassung, dass sich in der weltlichen Herrschaft eine unhinterfragbare, quasi göttliche Autorität manifestiert. Dies ist nur möglich, wenn die menschliche Fehlbarkeit des Machthabers auch als solche erkannt wird. Herrschende sind nach dieser Auffassung keine unfehlbaren und unhinterfragbaren Gottkönige, sondern korrekturbedürftige Verwalter in herausgehobener Position. Dies entspricht der biblischen Erkenntnis von der Anfälligkeit aller Menschen für Versuchungen sowie dem generellen Verbot, Menschen an die Stelle Gottes zu setzen. Insbesondere das Gottkaisertum der Römerzeit ist ein warnendes Beispiel für die Gefahren, die einer Gesellschaft aufgrund der unbegrenzten Machtfülle eines Herrschers erwachsen, der wie ein Gott regiert und als solcher verehrt wird. Gerade an das Gottkaisertum der Römer richtet Jesus seine Aufforderung, weltliche und religiöse Sphären zu trennen und Gott und dem Kaiser jeweils das zu geben, was ihnen zukommt (Matthäus 22,21).

Dass der Regierende sich prinzipiell weiter auf derselben Ebene wie die Regierten befindet und ihr nicht per se enthoben ist, kann durchaus als politische Umsetzung des christlichen Menschenbildes betrachtet werden, das jedem Menschen dieselbe unveräußerliche Gottesebenbildlichkeit zuspricht. Die Rechenschaftspflicht des Regierenden in seiner Wahrnehmung politischer Verantwortung könnte als Umsetzung des biblischen Grundsatzes der Beurteilung jedes Menschen und seiner Haushalterschaft verstanden werden, dem zufolge alle ohne Ansehen der Person vor Gott und Menschen Rechenschaft ablegen müssen (Lukas 12,20).[9] Logische Konsequenz aus der Gottesebenbildlichkeit des Menschen, seiner Würde und Freiheit ist auch seine Gewissens- und Religionsfreiheit. Die unveräußerliche Würde des Menschen, die seiner Gottesebenbildlichkeit als Geschöpf entspringt, nimmt ihn vor dem ganzheitlichen Zugriff durch andere in Schutz, also »*vor dem Staat, vor der Gesellschaft, vor dem Volk, vor dem Konsens*«,[10] und damit vor einer gänzlichen Vereinnahmung und Gefangennahme unter totalitäre Ansprüche in Denken und Handeln ohne anderweitige Handlungsoptionen.

2. Wäre der Demokratie mit einem »christlichen Staat« besser gedient?

In Deutschland wahrt der Staat als Institution seine Neutralität in religiösen Fragen, auch wenn die Geschichte und Kultur Deutschlands christlich geprägt sind. Auch wenn sich manche Christen einen »christlichen Staat« wünschen, der den christlichen Glauben selbst vertritt und verkörpert, so muss doch bedacht werden, dass der Staat sich dann vermutlich als ein Vertreter der Interessen einer oder beider Großkirchen verstehen und ausschließlich sie privilegieren würde, was eine automatische Benachteiligung anderer christlicher Konfessionen und Bekenntnisse nach sich zöge. Selbst wenn der Staat sich zum Vertreter aller christlichen Bekenntnisse machen würde, bliebe das Problem der Abgrenzung: Wer würde den »Grenzfällen« Kategorien wie »christlich« oder »nicht-christlich« zuordnen, wer entscheiden, was eine Sondergemeinschaft, was eine eigenständige Religion ist? Damit würde sich der Staat zur Beurteilungsinstanz über Glaubensinhalte aufwerfen und mit staatlicher Autorität darüber entscheiden, was »Wahrheit« ist. Das ist in der Geschichte noch niemals gelungen.

Der Staat wahrt daher in unserer Demokratie die »*respektvolle Nichtidentifikation*«,[11] indem er allen religiösen Gemeinschaften das Recht auf Entfaltung, auf öffentliche Präsenz, friedliche Werbung und freie Religionsausübung zubilligt.[12] Darüber hinaus kann er mit Religionsgemeinschaften, die als Körperschaften des öffentlichen Rechts (KdöR) grundgesetzloyal und auf

Dauer und Repräsentanz angelegt sind, in ein Vertragsverhältnis treten, von dem beide Seiten profitieren. Auch wäre durch die Parteinahme des Staates für eine bestimmte Religionsgemeinschaft die Religionsfreiheit und rechtliche Gleichstellung nicht-christlicher Religionsgemeinschaften außer Kraft gesetzt oder zumindest deutlich eingeschränkt. Ein solches Handeln wäre nicht nur mit den geltenden Gesetzen unvereinbar, sondern auch politisch kaum umsetzbar in einem Land, in dem bereits ein Drittel der Bevölkerung keiner der Volkskirchen angehört und sich auch von den verbliebenen zwei Dritteln Kirchenmitgliedern nur ein Teil als überzeugte Christen versteht. Eine offene Frage wäre zudem, wie ein christlicher Staat Atheisten beurteilen und welche Privilegien er ihnen aufgrund ihres fehlenden Bekenntnisses unter Umständen entziehen würde – was ein Ende der Religionsfreiheit bedeuten würde.

Der religionsneutrale, demokratische Staat steht religiösen Gemeinschaften allerdings nicht gleichgültig gegenüber, sondern ist nach vielfacher Auffassung auf eine Kooperation mit ihnen angewiesen. Der Staatsrechtler Ernst-Wolfgang Böckenförde hat in seinem bekannten »Böckenförde-Diktum« formuliert: »*Der freiheitliche, säkularisierte Staat lebt von Voraussetzungen, die er selbst nicht garantieren kann.*«[13] Das heißt, der Staat kann zwar Gesetze erlassen, die Mord und Diebstahl sanktionieren, er kann aber nicht dafür sorgen, dass die Mehrheit der Bürger Mord und Diebstahl fortgesetzt als falsch beurteilt, also einem Wertekanon zustimmt, auf dem die staatliche Gesetzgebung beruht. Stimmt ein großer Teil der Bevölkerung diesem Wertekanon und der daraus abgeleiteten Gesetzgebung nicht mehr zu, kann der demokratische Staat die Befolgung dieser Gesetze nicht mehr durchsetzen. Daher begünstigt der Staat Religionsgemeinschaften, denen er unter bestimmten Voraussetzungen Körperschaftsrechte verleiht, und kooperiert mit ihnen. Sie unterstützen ihrerseits den Staat im Sinne der Bildung und Erhaltung eines Wertekanons, indem sie friedens-, rechts- und wertefördernd auftreten und ihrerseits das staatliche Gewalt- und Strafmonopol anerkennen. Diese Kooperation zwischen Staat und Religionsgemeinschaften äußert sich etwa in der Steuerbefreiung von Spenden, dem Erteilen von Religionsunterricht oder speziellen Regelungen im Arbeits- und Sozialrecht.

Der gegenseitige Machtverzicht von Kirche und Staat in unserem Kulturraum ist in zähem Kampf errungen worden. Das staatliche Wohlwollen gegenüber Religionsgemeinschaften und die staatliche Neutralität in Bezug auf eine inhaltliche Bewertung von Religionsinhalten einerseits sowie die grundsätzliche Anerkennung des staatlichen Gewaltmonopols und des staatlichen Machtbereiches andererseits, in dem nicht die Gebote der Kirchen gelten, haben weitreichende Auswirkungen gehabt: Aus der Gewaltenteilung und der Zuweisung getrennter Sphären für Religion und Staat entwickelten sich allgemeine Menschenrechte, Religionsfreiheit, Säkularismus, Forschungsfreiheit und Pluralismus, auch wenn Demokratie und Freiheitsrechte kirchlicherseits lange Zeit beargwöhnt und von beiden Großkirchen durch die Abfassung von Denkschriften zu Demokratie und Religionsvielfalt erst im 20. Jahrhundert endgültig bejaht wurden.

Während die Kirchen nun im Verfassungsstaat nur noch moralische, nicht mehr rechtsbildende und politische Instanz sind, wahrt der Staat seinerseits Neutralität und Distanz gegenüber den Religionen, sodass kein Bürger dieses Staates gezwungen ist, sie zu praktizieren oder für wahr zu halten. Der Staat, der sich nicht mehr zum Richter über die Inhalte religiöser Inhalte aufwirft, zwingt die Religionsvertreter auf der anderen Seite nicht, ihren Wahrheitsanspruch aufzugeben und ihrerseits die Position staatlicher Neutralität einzunehmen, darf aber umgekehrt von den Religionsgemeinschaften die Akzeptanz der anders- und nichtgläubigen Staatsbürger sowie einer säkular geprägten Gesetzgebung erwarten. So wird durch die Selbstbeschränkung des Staates auf den nichtreligiösen Bereich die Aussöhnung der Kirchen mit der Säkularisierung möglich.

II. Islam und Demokratie: Ein Gegensatz?

Bei der Frage, wie demokratiefähig islamisch geprägte Staaten sind, geht es nicht nur um die dortigen politischen Verhältnisse. Es geht auch darum, welche weltanschaulichen Grundlagen für eine Begründung von Demokratie und Freiheitsrechten aus religiösen Quellen herangezogen werden könnten: Welche Herrschaftsform sieht der Islam vor? Welche Art von Regierung betrachtet er als Ideal?

Wie bei vielen anderen Fragen, die die Ordnung des politischen Gemeinwesens zur Zeit Muhammads betreffen, gibt der Korantext selbst so wenig konkrete Auskunft darüber, dass ihm kaum Regieanweisungen für eine als ideal betrachtete Herrschaftsform entnommen werden können. Zwar könnte aus der Rolle Muhammads als Heerführer, Gesetzgeber und Prophet geschlussfolgert werden, dass die ideale islamische Herrschaft geistliche und weltliche Herrschaft zugleich sein soll. Vor allem Führer aus dem islamistischen Spektrum, wie etwa der bis heute wohl einflussreichste pakistanische Theologe, Autor und Politiker Abu l-A'la Maududi (1903–1979) haben dieses Modell als einzig legitime Herrschaftsform propagiert und auf die Umsetzung dieses Ideals mit allen Kräften hingewirkt.

Allerdings handelt es sich bei diesem Gedanken der Einheit von Staat und Religion vor allem um ein in die islamische Geschichte zurückprojiziertes Ideal. In Wirklichkeit musste sich die islamische Gemeinschaft spätestens nach der Regierungszeit der Muhammad nachfolgenden vier Kalifen (sie regierten 632–661 n. Chr.) in ihrer gesamten Geschichte mit der Tatsache auseinandersetzen, dass es einen einzigen Herrscher über die Gesamtheit der Muslime und eine Einheit von weltlicher und geistlicher Macht niemals mehr gegeben hat. Realität war vielmehr eine Vielzahl miteinander um die Macht ringender rivalisierender Familien, Dynastien und theologischer Gruppierungen, die sich gegenseitig bekämpften und sich den Herrschaftsanspruch beziehungsweise die Deutungshoheit über den Islam erbittert streitig machten. Dabei prägten die Auseinandersetzungen innerhalb der islamischen Gemeinschaft nicht nur die Machtpolitik, sondern auch die Theologie:

Schon unmittelbar nach Muhammads Tod 632 n. Chr. brach unter seinen Anhängern ein grundsätzlicher theologischer (und machtpolitischer) Streit um seine Nachfolge aus und verfestigte sich im Laufe der Jahrhunderte immer mehr: Spätestens mit dem Jahr 680 n. Chr. – der für die muslimische Gemeinschaft so folgenschweren Entscheidungsschlacht von Kerbela im heutigen Irak – gilt die Gruppierung der Schiiten neben der Mehrheit der Sunniten als fest etabliert und die Gemeinschaft der Muslime als in grundsätzlichen Fragen gespalten. Sunniten wie Schiiten spalteten sich über die Jahrhunderte hinweg in weitere zahlreiche Gruppierungen und Untergruppierungen auf. Während das Kalifat unter den vier ersten Nachfolgern Muhammads bis zum Jahr 661 n. Chr. noch eine gewisse Einheit von weltlicher und geistlicher Macht repräsentiert hatte, wurde in späteren Jahrhunderten die immer stärkere konfessionelle und machtpolitische Spaltung Realität: Es regierten Kalifen und Gegenkalifen, regionale Dynastien und politisch zeitweise erfolgreiche Sondergruppierungen (wie die der ismailitischen Fatimiden), bis es durch den Einfall der Mongolen 1258 in Bagdad zum dramatischen Untergang des eigentlichen abbasidischen Kalifats kam. Danach wurden Teile des Vorderen Orients, des Balkans und der Arabischen Halbinsel vom 13. Jahrhundert bis zur Gründung der Türkischen Republik 1923/24 von osmanischen Sultanen regiert. Die Osmanen waren Turkstämmige, die aus Zentralasien in die heutige Türkei eingewandert und erst im Laufe dieses Prozesses zum Islam konvertiert waren. Von vielen arabischen Gelehrten wurden sie nie als legitime islamische Herrscher anerkannt. Von einer Einheit von weltlicher und religiöser Herrschaft oder auch nur von einer einheitlichen Beantwortung der Frage, wer berechtigt ist, die gesamte Gemeinschaft der Muslime zu regieren oder auch nur zu repräsentieren, kann vom ersten islamischen Jahrhundert an nicht mehr die Rede sein.

Zur »Wiederfindung« der Demokratie im Islam weisen muslimische Wortführer heute immer wieder darauf hin, dass schon der Koran eine Beratung des Herrschers befürworte, also die Einbeziehung mehrerer Stimmen in politische Entscheidungsprozesse von der Zeit Muhammads an. Zumeist werden für diese Sichtweise die Suren 3,159 und 42,38 angeführt, die empfehlen, dass sich die gläubigen Muslime untereinander »beraten« sollen. Der Begriff »beraten«, der im Koran im Arabischen in beiden Versen Verwendung findet, besitzt dieselbe Wurzel wie der heute im politisch-islamischen Bereich oft verwendete Terminus der »Schura« (»Beratung«). Aus der Sicht islamischer Apologeten soll die Schura als eine Art »islamische Demokratie« im Laufe der islamischen Geschichte etabliert worden sein.

Es ist zwar richtig, dass in der Geschichte des Islam die ersten vier Kalifen nach Muhammad aus einer Wahl hervorgingen; aber schon die Dynastie der Umayyaden machte das Kalifat ab dem Jahr 661 n. Chr. erblich. Sicher hat sich, wie die islamische Geschichtsschreibung erläutert, auch Muhammad mit seinen Vertrauten über Kriegszüge und Friedensschlüsse beraten. Realistisch betrachtet sind jedoch weder in der islamischen Geschichte noch in der Gegenwart – zumindest in arabischen Ländern – Elemente einer echten Demokratie nach oben beschriebener Definition nachweisbar. Es finden sich auch heute dort nicht einmal Gremien, die die Macht wirksam kontrollieren und einem westlich-demokratischen Parlament auch nur annähernd vergleichbar wären. Zwar tragen die Konsultativgremien einiger Länder, insbesondere in den Golfstaaten, den Titel »majlis ash-shura« (Konsultativrat; beratendes Gremium); dennoch sind gerade die Golfmonarchien absolute Monarchien, in deren »Beratergremien« die einflussreichen Familien des Landes Vertreter entsenden. Das bedeutet jedoch nicht, dass diese Gremien die absolute Macht der Herrscherfamilie begrenzen, kontrollieren, den Herrscher bei Rechtsverstößen zur Verantwortung ziehen oder sogar absetzen könnten. Die Herrschaftsform der Frühzeit des Islam ist das Kalifat, später die Autokratie, die absolute Monarchie oder das autokratische Präsidialsystem (ein de facto allmächtiger Präsident herrscht mit einem Scheinparlament) sowie in einigen wenigen Fällen die Theokratie. Echte Demokratien sind im arabischen Raum bisher jedoch nicht entstanden.

1. Die Arabische Revolution: Weg in die Demokratie?

Am 17. Dezember 2010 übergoss sich im tunesischen Sidi Bouzid der Gemüsehändler Mohamed Bouazizi aus Protest gegen die Schikanen der örtlichen Polizei mit Benzin und setzte sich auf dem Marktplatz des Ortes selbst in Brand. Wenige Wochen später erlag er seinen Verletzungen im Krankenhaus. Dieser verzweifelte Protest eines mittellosen Straßenhändlers gegen die Willkür und die fortgesetzten Demütigungen durch eine allmächtig agierende Obrigkeit war der Beginn eines Flächenbrandes an Protesten gegen die autokratischen Regierungen der Region, der rasch große Teile Nordafrikas und des Nahen Ostens erfasste. Proteste, Ausschreitungen, Streiks, Demonstrationen und zahlreiche Gewaltakte folgten. Die Menschen gingen zu Hunderttausenden auf die Straßen und öffentlichen Plätze. Auch die eingesetzten regierungstreuen Polizei- und Militärkräfte, die die Demonstranten an verschiedenen Orten mit Wasserwerfern traktierten, bedrohten, niederknüppelten, verhafteten, mit Schüssen verletzten und teilweise gezielt töteten, konnten die Proteste weder zum Schweigen bringen noch die Protestierenden dauerhaft einschüchtern und von weiteren Demonstrationen abhalten. Auch viele Frauen mischten sich mutig unter die Protestbewegung, obwohl sich die Gewalt der Regierungskräfte auch gegen sie richtete und viele von ihnen öffentlich gedemütigt, verhaftet und geschlagen wurden.

Das wichtigste Anliegen der Menschen während der »Arabellion« war der Wunsch nach Befreiung von der allgegenwärtigen Unterdrückung durch die korrupten Regime der arabischen Länder. Diese waren bisher teilweise rechtlich eher säkular geprägt (wie etwa in Tunesien), vom Militär dominiert (wie etwa in Ägypten), von einer einzelnen Herrscherdynastie dominiert (wie etwa in Syrien) oder aber trugen eine vorgeblich vor allem religiös legitimierte Herrschaft zur Schau (wie etwa in Saudi-Arabien). In einigen Ländern forderten die Menschen vor allem Reformen: So ist etwa in Marokko bis heute König Mohammad VI. ein überaus beliebter Monarch, der sich zudem zu seiner Legitimation auf seine Abstammung von Muhammad, dem Gründer des Islam, beruft und in den vergangenen Jahren in Marokko manche Reformen umgesetzt hatte, die einen Hauch von Freiheit durch das Land wehen ließen. In anderen Ländern, wie etwa in Tunesien oder Ägypten, forderten die Protestierenden das sofortige Abtreten der Tyrannen und den Sturz der Regime.

Ursachen der Revolution: Fehlende Freiheitsrechte und Perspektivlosigkeit

Ein überaus wichtiger Faktor zum Verständnis der Arabischen Revolutionen liegt in der demografischen Entwicklung dieser Region: Dort liegt der Anteil der unter 25-Jährigen in vielen Ländern um die 50 Prozent, im Jemen sogar bei 65 Prozent. Diese Jugendlichen lebten bisher größtenteils in Gesellschaften, die sie zwar durch zahlreiche Verbote und Beschränkungen drangsalierten, ihnen aber kaum Zukunftsperspektiven boten. Die Arbeitslosenquote ist überall immens, unter Jugendlichen häufig bei 30 bis 40 Prozent, örtlich sogar bei bis zu 70 Prozent. Attraktive Arbeitsstellen, bezahlbare Wohnungen – eine Voraussetzung für die Familiengründung – und öffentlicher Raum für eine gesellschaftliche Mitgestaltung, Mitbestimmung sowie persönliche Freiheiten in Kunst, Kultur, Religionszugehörigkeit und politischen Foren sind jedoch kaum vorhanden.

Diese jungen Menschen, die unter repressiven Regimen aufwuchsen und wenig Freiheitsrechte besitzen, betrachten sich als Zuschauer oder sogar Verlierer der Globalisierung und des Wohlstands des 21. Jahrhunderts, der trotz der immer noch vorhandenen absatzstarken Bodenschätze wie Erdgas und Erdöl an ihnen vorüberzuziehen scheint. In manchen Regionen wächst die Bevölkerung so schnell, dass sie jedes Volkswirtschaftswachstum umgehend schluckt und weder Schulen noch der Wohnungsbau, weder der Arbeitsmarkt noch die Universitäten damit Schritt halten können. Das Ergebnis sind in manchen islamischen Gesellschaften Heere von Akademikern ohne Beschäftigung und Perspektive, in anderen Ländern zahllose unqualifizierte Arbeitslose, für die es außer in der kargen Landwirtschaft kaum Möglichkeiten gibt, ihre Familien zu ernähren.

Wirtschaftliche Fehlentwicklungen

Überall in dieser Region sind in den vergangenen 20 Jahren Hunderttausende von verarmten Landarbeitern in die Großstädte abgewandert. Dort leben sie jetzt in den schnell wachsenden Armen- und Slumvierteln der Vorstädte ohne Hoffnung auf Bildung für ihre Kinder und gesellschaftlichen Aufstieg. So bilden sie ein Heer von Unzufriedenen, die sich rasche Veränderungen wünschen. Gleichzeitig verschärft sich durch ihre Abwanderung vom Land in die Städte die ohnehin überall kritische Versorgung der Bevölkerung mit Grundnahrungsmitteln aus eigener Produktion, was den Staat bei einer rasch steigenden Bevölkerungszahl zu fortgesetzten Aufkäufen von Weizen auf dem Weltmarkt und Subventionen von Grundnahrungsmitteln zwingt.

Die arabischen Länder sind bisher eine Region mit einer dramatischen wirtschaftlichen Minderentwicklung und einer vergleichsweise geringen Produktivität, trotz der vielerorts vorhandenen kapitalerträglichen Bodenschätze. So wächst die Wirtschaft Asiens derzeit um durchschnittlich rund 5 Prozent jährlich, die der arabischen Staaten aber nur um 0,2 Prozent, was dem Bevölkerungswachstum in keiner Weise gerecht wird. Die Folge ist die Verwendung staatlicher Ressourcen für Subventionen und ein geringer Lebensstandard für das Gros der Bevölkerung. Die arabischen Staaten bestreiten ihre Existenz vor allem durch staatliche Renten – wie etwa Ägypten durch die Einnahmen des Suezkanals –, durch den Tourismus, die Ölförderung sowie durch Geldüberweisungen von Gastarbeitern, die in den Emiraten oder Saudi-Arabien leben. Selbst die in der Region reichlich vorhandenen Bodenschätze wie Erdöl und Erdgas haben kaum zur wirtschaftlichen Entwicklung der Region beigetragen, denn die Gewinne aus diesen Ressourcen sind bisher zu großen Teilen nicht für die Entwicklung der Infrastruktur verwendet worden und nicht bei der Bevölkerung angekommen. Häufig wurden die Einnahmen aus den Bodenschätzen von den Potentaten an die Mitglieder einer kleinen Elite und ihre Günstlinge wie hochrangige Militärs oder Stammesführer verteilt, die als Gegenleistung für die Unterstützung des Machthabers Privilegien und Zuwendungen genossen. Im erdöl- und erdgasfördernden Wirtschaftszweig sind daher insgesamt auch nur wenige Arbeitsplätze entstanden und die effiziente Weiterverarbeitung der Bodenschätze vor Ort ist ein häufiges Problem: So muss der erdölreiche Iran bis heute Benzin importieren, das durch Lieferengpässe immer wieder einmal knapp wird, weil es im Iran nicht genug Raffinerien gibt, um das bisher noch vorhandene Erdöl verarbeiten zu können.

Korruption und Unterdrückung

Eine ausufernde Korruption und Klientelwirtschaft behindern zusätzlich jede Entwicklung. Im Großen und Ganzen, so schildern es etwa die Teilnehmer der Revolutionen, kommt in diesen Gesellschaften ein junger Arbeitnehmer nicht durch Fleiß und eigene Leistung voran, sondern vielmehr durch die richtige Familie und Verwandtschaft, durch Macht- und Abhängigkeitsstrukturen sowie Stammes- und Klientelverhältnisse. Diese Faktoren ersticken jede Kreativität und jedes eigenverantwortliche unternehmerische Handeln und schaffen soziale Ungleichheiten und Ungerechtigkeiten.

Hinzu kommen auf der anderen Seite extrem leistungsschwache staatliche Institutionen, Autoritarismus, Willkür, Rechtsunsicherheit und eine überbordende Bürokratie. Die Einschränkung der Minderheiten- und Frauenrechte sind eine weitere bekannte Problematik arabischer Gesellschaften, die sich auch auf die gesellschaftliche Entwicklung auswirkt. Für Frauen hat es durch den Autoritarismus, die starke Einflussnahme durch konservative Theologen bis in die Mitte der Gesellschaften (besonders im Iran und Saudi-Arabien) sowie die kulturell und religiös begründete Einschränkung von Frauenrechten bisher nur graduelle Verbesserungen durch gesetzliche Regelungen einzelner Länder gegeben. Dazu gehört etwa die Heraufsetzung des Heiratsalters oder eine für Frauen erleichterte Scheidung. Durchschlagende Erfolge zu einer rechtlichen Gleichstellung von Frauen gab es jedoch bisher noch nicht. Noch haben in den arabischen Gesellschaften nur vergleichsweise wenige Frauen der privilegierten Oberschicht gute Möglichkeiten der persönlichen wie beruflichen Entfaltung. Die Mehrheit der Frauen muss sich mit geringen Bildungschancen und zahlreichen gesellschaftlichen und rechtlichen Benachteiligungen abfinden. Das Gleiche gilt für die Minderheiten: Sie sind nicht völlig rechtlos, gesellschaftlich aber überall stark diskriminiert und von der Teilhabe an öffentlichen Ämtern und gehobenen Positionen vielerorts ausgeschlossen. Wenn jedoch mit den Frauen und Minderheiten große Teile der arbeitsfähigen Bevölkerung in ihren Rechten beschnitten, diskriminiert und drangsaliert werden und diejenigen, die arbeiten könnten, zu wenig Beschäftigung finden, kann sich eine Region nicht entwickeln, besonders, wenn die Bevölkerung gleichzeitig rasch zunimmt.

Die Bildungsmisere ist ein weiterer Faktor, der die Entwicklung der arabischen Gesellschaften hemmt, zu Armut führt und Unzufriedenheit und Perspektivlosigkeit schafft. In einigen Staaten wie Ägypten oder Algerien können etwa 30 Prozent der Einwohner nicht lesen und schreiben, in Mauretanien, Marokko oder dem Jemen annähernd 50 Prozent. Bei den Frauen liegt die Rate wesentlich höher, im Jemen im Landesdurchschnitt sicher bei 70 bis 75 Prozent. Verstärkt wird die Bildungsproblematik durch das immense Bevölkerungswachstum. Die fehlende Bildung hemmt ihrerseits wiederum die wirtschaftliche Entwicklung, das Unternehmertum sowie die Fähigkeit zu Eigenverantwortung und vergrößert auf der anderen Seite die Abhängigkeit von staatlichen Leistungen. Zudem schafft die Bildungsarmut zusätzliche Einfallstore für Radikalismus. Hinzu kommen die überall allmächtigen Geheimdienste, die Willkür des Rechtssystems, vielerorts systematische Folter durch Polizei und Sicherheitskräfte, Korruption und Vetternwirtschaft. Nachdem sie sich bis zum Beginn des 20. Jahrhunderts von den Kolonialherren befreit hatten, wurde den Menschen in den arabischen Ländern im Anschluss daran durch Unterdrückung, Willkür und fehlende Möglichkeiten der Mitbestimmung und politischen Meinungsäußerung von ihren eigenen Machthabern ihre Würde genommen. Diese Würde versuchten sie durch die Arabische Revolution zurückzugewinnen.

2. Warum wurden Islamisten in die Regierung gewählt?

»Der Islam kann auch Demokratie« – so titelten Presseorgane begeistert zu Beginn der Arabischen Revolution. Westliche Medien haben teilweise allzu rasch aus den Protesten geschlussfolgert, dass in den arabischen Ländern ein unmittelbarer Wandel zur umfassenden Einführung von Demokratie und Freiheitsrechten – womöglich sogar: einer liberalen Gesellschaft – bevorsteht. Doch spätestens nach den Parlamentswahlen in Ägypten 2011/2012 wurde deutlich: Der Ruf nach Freiheit und dem Ende der Tyrannei war zumindest in Ägypten offensichtlich nicht gleichbedeutend mit dem Wunsch nach Einführung eines säkularen Rechts- und Regierungssystems und einer Trennung von Religion und Staat nach westlichem Vorbild. Ganz im Gegenteil: Über 70 Prozent der Stimmen wurden in Ägypten für die islamistischen Parteien abgegeben, für die »Freiheits- und Gerechtigkeitspartei« der religiös-politischen Bewegung der Muslimbruderschaft und die »Partei des Lichts« der islamistisch-extremen Salafisten. Damit ist derzeit die Einführung eines säkular geprägten Rechtssystems und einer Regierung, die auch nur im Entferntesten als säkular bezeichnet werden könnte, in weite Ferne gerückt. Die Entwicklung in Tunesien ist nicht ganz so dramatisch, aber mit der Wahl der islamistischen En-Nahda-Bewegung unter Führung Rashid al-Ghannouchis an der Spitze der Regierung, die 2011 als stärkste Kraft aus den Parlamentswahlen hervorging, wird sich die Ausrichtung Tunesiens vermutlich nur graduell von der Ägyptens unterscheiden. Warum jedoch sah die ägyptische beziehungsweise tunesische Bevölkerung ihre Befreiung nicht am besten in den Händen von säkular orientierten Politikern aufgehoben?

Um dies zu erklären, muss zunächst daran erinnert werden, dass sich die Einschätzung der Verhältnisse in Europa sehr von der im Nahen Osten unterscheidet. Während wir Europäer Ägypten in der Regel als »islamisches« Land betrachten, das den Geboten des Islam und der Scharia auch in der Gesetzgebung verpflichtet ist und damit aus unserer Sicht der Faktor »Islam« von der Unterdrückung der Menschen in den letzten Jahrzehnten nicht wirksam getrennt werden kann, würden viele Menschen im Nahen Osten vermutlich umgekehrt darauf verweisen, dass das frühere ägyptische Regime mit Präsident Husni Mubarak noch aus der Zeit des »Kalten Krieges« stammt und gerade kein islamisches Regime war. Sie würden hervorheben, dass islamistische Gruppierungen in den vergangenen Jahrzehnten höchstens geduldet, meistens jedoch unterdrückt wurden und dass sich auch die Gesetzgebung Ägyptens nur in wenigen Bereichen an der Scharia ausgerichtet hatte, auch wenn die Verfassung sich in allgemeiner Weise auf die Scharia als übergeordnetes Prinzip bezog. Viele Menschen in Ägypten würden daher eher verneinen, vor der Revolution in einem »islamischen Staat« gelebt zu haben. Sie lebten aber in einem Staat, der ihnen grundlegende Bürger- und Freiheitsrechte entzog, ihnen Menschen- und Frauenrechte streitig machte und viele Bürger willkürlich zu Opfern von Gewalt, Erniedrigung und Freiheitsberaubung werden ließ. Nicht wenige Menschen haben diese Missstände einem »Zuwenig« an Islam und nicht einem »Zuviel« zugerechnet, da der Islam gläubigen Muslimen in der Regel als Synonym für Gerechtigkeit und ein zufriedenstellendes Maß an Freiheitsrechten gilt und westlichen Menschenrechtskonzepten häufig als überlegen betrachtet wird. Zu berücksichtigen ist auch der allgemeine Trend einer zunehmenden Islamisierung der islamischen Gesellschaften von Nordafrika bis Asien in den vergangenen 30 Jahren. So werden Herrscher wie Husni Mubarak in Ägypten oder Ben Ali in Tunesien, deren Regierungsantritt noch zu Zeiten des Ost-West-Konflikts erfolgte, gerade nicht als »islamisch« im Sinne von gerecht und legitimiert wahrgenommen, sondern mit ihren Regierungsapparaten eher als säkular beurteilt, ja von manchen sogar als gottlos verschrien.

Man muss zudem im Auge behalten, dass westliche Gesellschaften und ihre Freiheitsrechte von weiten Teilen der Bevölkerung der Region keinesfalls als vorbildhaft und erstrebenswert betrachtet werden. Der Westen gilt vielen Menschen als dem Islam gegenüber feindlich eingestellt und als moralisch haltlos. Die zuletzt geführten Kriege im Irak und Afghanistan belegen für sie, dass der Westen politisch und in Menschenrechtsfragen mit zweierlei Maßstäben misst und nur an eigenen wirtschaftlichen Belangen interessiert sei. Daher ist es nicht verwunderlich, dass sich eine Mehrheit der Bevölkerung an den Wahlurnen für eine stärker islamisch ausgerichtete Regierung entschied. Zudem haben insbesondere islamische und islamistische Bewegungen, wie die ägyptische Muslimbruderschaft, über Jahrzehnte den ärmeren Bevölkerungsschichten soziale Unterstützung zukommen lassen. In einem Land, in dem staatliche Fürsorge, Gesundheits- und Bildungsprogramme oft nicht ausreichend zur Verfügung stehen, haben Hilfsprogramme enormen Nachhall.

3. Entstehen im Nahen Osten Demokratien?

In Ägypten und Tunesien wurden nach der Revolution freie Wahlen abgehalten. Kann man daraus schließen, dass die Demokratie im Nahen Osten bereits Einzug gehalten hat? Wohl kaum. Dennoch ist es für viele Menschen im Nahen Osten selbstverständlich, dass ihr islamischer Glauben ihrem Wunsch nach vermehrten Freiheitsrechten nicht im Wege steht. Nach Auffassung vieler Menschen im Nahen Osten sind Islam und Demokratie unbedingt miteinander vereinbar, denn ein säkular geprägtes Regierungs- und Rechtssystem ist aus ihrer Sicht weder Garant noch Bedingung für eine Demokratie. Ihre Erfahrungen mit den säkular geprägten Regierungen der letzten Jahrzehnte bestätigen ihnen diese Sichtweise. Und wenn von ihnen festgestellt wird, dass der Koran und die islamische Überlieferung (die Berichte über die Taten und Aussprüche Muhammads sowie seiner unmittelbaren Nachfolger) keine detaillierten Anweisungen für ein Regierungssystem enthalten und beide Texte weder eine Grundlage für eine Verfassung noch eine Gesetzeskodifikation bieten, dann ist das durchaus zutreffend. Warum also sollten Islam und Demokratie nicht zusammengehen können?

Auch wenn die gegenwärtig gewählten islamistischen Machthaber, wie die Muslimbruderschaft in Ägypten, in den gesamten rund 85 Jahren ihres Bestehens niemals von ihrem Gründungs- und Grundsatzprogramm abgewichen sind, nämlich, die Scharia vollständig zur Anwendung bringen zu wollen (einschließlich der drastischen Körperstrafen), ist natürlich zu fragen, ob sie diesen Anspruch nun abmildern oder sie tatsächlich anwenden möchten. Die Mehrheit der Menschen hofft mit Sicherheit auf eine gemäßigte islamische Regierung, die ihnen mehr Gerechtigkeit, Menschenwürde und Entfaltungsfreiheit geben wird. Die meisten Ägypter wollen nicht in einem Schariastaat leben. Sie möchten weder eine Religionspolizei noch die Strafe des Handabhackens für Diebstahl eingeführt sehen. Aber wie wird die Politik stattdessen konkret aussehen? Werden zum Beispiel die jetzigen Einschränkungen der Polygamie erhalten bleiben und die Frauen ihre bisherigen – in den Augen mancher Islamisten: unislamischen – Rechte wie das Recht auf Initiierung einer Scheidung verteidigen können? Welche Rechte erhalten die Minderheiten in einem Staat, der von Islamisten regiert wird? Wo enden die persönlichen Freiheitsrechte der Menschen? Wie steht es in Zukunft mit der Religionsfreiheit?

Eine besondere Problematik in Bezug auf den Islam besteht darin, dass von Anbeginn an das Recht aufs Engste mit der Theologie verwoben ist. Insbesondere ein säkular geprägtes Recht wird von vielen Islamisten innerhalb und außerhalb der Regierung als Verrat am Islam interpretiert. Andere Ägypter, die um ihre Freiheiten unter der gegenwärtigen islamistischen Regierung fürchten, fordern in den immer wieder aufflammenden Demonstrationen ein säkulares Staatswesen und eine zivilgesellschaftliche Verfassung, aber auch bei ihnen ist der Gedanke einer liberalen Ordnung mit umfassender Religionsfreiheit ohne staatlichen Zwang nicht unbedingt ausgeprägt. Selbst für ein säkulares Staatswesen gibt es derzeit keine Mehrheiten, und die Opposition ist zersplittert. Zudem konnte sie sich nach Erlangung der plötzlichen Freiheiten in der kurzen Zeit bis zu den Wahlen nicht ausreichend organisieren, während die Muslimbruderschaft seit 85 Jahren vernetzt und der Bevölkerungsmehrheit als Helfer in der Not bekannt war.

Könnte unter der gegenwärtigen islamistischen Regierung die Scharia beibehalten, aber moderat interpretiert werden? Könnte sie Fundament für Glauben und Leben der Menschen sein und Maßstab für die gesellschaftlich-politische Ordnung, ohne einen Schariastaat wie in Saudi-Arabien oder Iran zu begründen? Dafür wäre zunächst eine historisch-kritische Betrachtung der Scharia notwendig, die etwa ihre Inhalte einteilen könnte in zeitlich unbegrenzt gültige Elemente (wie etwa die Gebote zum Fasten oder Gebet, die auch Bestandteil des Rechtskorpus der Scharia sind) und historisch begrenzt gültige Bestandteile (wie zum Beispiel das Strafrecht). Einzelne muslimische Gelehrte, wie der in den USA lehrende, aus dem Sudan stammende Abdullahi an-Na'im (geb. 1946), haben eine solche Abgrenzung von der heutigen Gültigkeit des islamischen Strafrechts zwar als Weg zu einem humanen und friedensfähigen Islam vorgeschlagen, aber sie haben damit in der etablierten islamischen Theologie bisher keinerlei Gehör, geschweige denn Anhängerschaft gefunden. Für eine Historisierung der strafrechtlichen und gesellschaftspolitischen Bestandteile der Scharia müssten Interpretationsmuster erarbeitet werden, mit deren Hilfe die Scharia mit Freiheits- und Menschenrechten versöhnt werden könnte. Schariarecht ist zwar prinzipiell flexibel und interpretierbar, es ist aber aufgrund der bis heute als verbindlich betrachteten Rechtskompendien der Rechtsgelehrten bis zum 10. Jahrhundert in seiner grundsätzlichen Auslegung weitgehend festgelegt. Demnach wäre es zum Beispiel nicht möglich, mit der klassischen Schariaauslegung die Abschaffung der Polygamie, die rechtliche Gleichstellung von Männern und Frauen oder von Muslimen und Nicht-Muslimen zu begründen.

4. Konfliktpunkte zwischen einem islamischen Rechtssystem und einer Demokratie

Können also islamisch geprägte Gesellschaften demokratisch sein? In der Praxis ist das bisher kaum der Fall gewesen. Liegt der Grund im »Faktor Islam« oder sind die Ursachen vor allem politischer und gesellschaftlicher Natur? Dass es bisher um die Menschen- und Freiheitsrechte im Nahen und Mittleren Osten mit seinen mehrheitlich islamisch geprägten Gesellschaften schlecht bestellt war, ist eine bekannte Tatsache. Ist der Grund dafür eher ein »Zuwenig« an Islam, sind diese Umstände auf Machtmissbrauch und Unterdrückungsmechanismen zurückzuführen, oder ist eher der Faktor Islam als Ursache für die bestehenden Missstände anzusehen?

Ganz wesentlich ist es, in diesem Zusammenhang zu definieren, was unter »Islam« zu verstehen ist: Etwa die reine Zugehörigkeit einer Mehrheit der Bevölkerung zu einer Religion, die traditionelle Religiosität der meisten Menschen, die islamisch geprägte Gesellschaftsordnung, das vom Schariarecht beeinflusste Zivilrecht oder der Verweis der meisten Verfassungen der Länder dieser Region auf die Scharia als Quelle aller Gesetzgebung?

Die Türkei stellt mit ihrer demokratischen Ausrichtung im Nahen Osten einen Sonderfall dar. Viele Hoffnungen für einen demokratisch ausgerichteten Nahen Osten richten sich momentan daher auf die Vorbildfunktion der Türkei als eines islamisch geprägten Landes mit gemäßigt islamistischer Regierung, das wirtschaftlich boomt und auch in Menschenrechts- und Religionsfreiheitsfragen Fortschritte aufzuweisen hat. Könnte das Ägypten des 21. Jahrhunderts so ähnlich aussehen wie die Türkei?

Ein entscheidender Unterschied zwischen der Türkei und sämtlichen arabischen Ländern besteht in der Haltung zum Schariarecht: Die Türkei hat sich schon vor rund 90 Jahren im Zuge der Gründung der Türkischen Republik 1923/24 von der Scharia als Rechtssystem getrennt und auch ein vollständig säkular geprägtes Ehe- und Familienrecht nach dem Vorbild des Schweizer Zivilrechts eingeführt, weshalb auch die Türkei das einzige nahöstliche Land ist, in dem die Polygamie gesetzlich verboten ist. Nur das Mitte des 20. Jahrhunderts ebenfalls rechtlich weitgehend säkularisierte Tunesien hat sie ebenfalls gesetzlich untersagt. Im Strafrecht hat die Scharia in der Türkei keinerlei Bedeutung, und auch die Abwendung vom Islam ist dort gesetzlich nicht sanktioniert, wenn auch gesellschaftlich immer noch stark diskriminiert. Diese türkeispezifische Entwicklung der 1920er-Jahre scheint für die arabischen Länder allerdings derzeit kaum vorstellbar: Als Ministerpräsident Recep Tayyip Erdoğan anlässlich seines Besuches in Ägypten Ende des Jahres 2011 dort für einen säkularen Staat mit einer Trennung von Staat und Religion warb, schlug ihm von ägyptischer Seite viel Kritik und Ablehnung entgegen.[14]

Kann »der Islam«, oder genauer: Kann ein religiös geprägtes Rechtssystem, dessen zivilrechtliche Instanzen sich an religiösen Normen ausrichten, überhaupt allen Menschen gleiche Freiheits- und Bürgerrechte garantieren oder sogar nach Mehrheitsentscheid einen Machtwechsel auf friedlichem Weg ermöglichen? »Der Islam« als private Religionsausübung oder ethisches Wertegerüst wird einer Demokratie kaum entgegenstehen. Es gibt keinen Grund, anzunehmen, dass die Ausübung des Islam als Religion, zum Beispiel durch Gebet und Fasten, im unversöhnlichen Widerspruch zu einer Demokratie stehen sollte. Allerdings gilt das nur in Bezug auf den Islam als persönlicher Glaube, nicht in Bezug auf den Islam als

Rechtssystem, das Gesetze, Werte und Normen bestimmt. Wo das Schariarecht Gesetz, Gesellschaftsordnung und Rechtsprechung prägt, wird es keine umfangreichen Freiheitsrechte im Sinne der UN-Charta der Menschenrechte von 1948 erlauben können, denn das Schariarecht kann nach seinem traditionellen Verständnis weder Männern und Frauen noch Muslimen und Nicht-Muslimen noch Religionswechslern oder Atheisten Gleichberechtigung zubilligen. Daher ergeben sich in Bezug auf eine islamische Gesellschaft, in der Scharianormen das Rechtssystem prägen, erhebliche Schwierigkeiten auf dem Weg in die Demokratie, so etwa auf den Gebieten des Ehe- und Familienrechts, in Bezug auf umfassende Menschenrechte, das Strafrecht sowie die Meinungs-, Gewissens- und Religionsfreiheit.

Menschen- und Freiheitsrechte

Um kein einseitiges Bild entstehen zu lassen, muss betont werden, dass sich in islamisch geprägten Ländern schon jetzt viele Organisationen und Einzelpersonen um eine Verbesserung der Menschenrechtssituation bemühen, und dies unter häufig sehr schwierigen Bedingungen. Juristen, Intellektuelle, Schriftsteller oder Journalisten werben engagiert für eine prinzipielle Neuorientierung in der Menschenrechts- und Demokratiedebatte, andere setzen sich auf praktischem Weg für eine Verbesserung der Menschenrechtssituation ein, indem sie öffentlich – heute besonders häufig per Internet – auf Machtmissbrauch, Willkür und konkret geschehenes Unrecht aufmerksam machen. Ihre Arbeit erstreckt sich weiter auf die Unterstützung Betroffener (Folteropfer, Inhaftierte, Opfer von Willkürmaßnahmen) sowie auf eine Sensibilisierung der Öffentlichkeit. Es gibt mehrere Hundert Menschenrechtsorganisationen in islamisch geprägten Ländern mit unterschiedlicher Ausrichtung, Größe, Finanzierungsrahmen und Arbeitsweise, die häufig unter massiven Behinderungen durch die jeweiligen Regierungen arbeiten und unterschiedliche Ziele verfolgen.

Große und bekannte Organisationen sind etwa die »Arab Organization for Human Rights« (AOHR), die am 01.12.1983 in Limassol (Zypern) gegründet wurde. Bei dieser Organisation, die heute ihren Hauptsitz in Kairo hat, handelt es sich um einen Dachverband verschiedener regionaler Menschenrechtsorganisationen. In Marokko, Algerien, Tunesien, Jordanien, Bahrain und Kuwait sowie im Libanon und im Jemen sind Ableger und Partnerorganisationen der AOHR ins Leben gerufen worden.[15] Ziel der AOHR ist es, sich für die Menschenrechte aller Bewohner der arabischen Länder auf Grundlage der universalen Erklärung der Menschenrechte einzusetzen. Besonders im Fokus der Arbeit stehen diejenigen, die nach UN-Maßgaben unrechtmäßig inhaftiert oder von Einschränkungen und Repressionen aufgrund ihrer Religion, ihres Geschlechts, ihrer politischen Überzeugungen, ihrer Rasse, Hautfarbe oder Sprache bedroht oder betroffen sind. Die Arbeit der AOHR konzentriert sich auf Bemühungen zur Befreiung politischer Gefangener, auf ihre Verteidigung, die Unterstützung ihrer Angehörigen und, wo ein direktes Eingreifen nicht möglich ist, auf die Beobachtung und Dokumentation der Verletzung von Menschenrechten durch Veröffentlichungen, Konferenzen und Seminare.[16]

Eine weitere große Organisation ist die 1985 gegründete »Egyptian Organization for Human Rights« (EOHR), eine der ältesten Nicht-Regierungsorganisationen, die mit der UN kooperiert. Die weitvernetzte EOHR nimmt in ihrem Einsatz für die Wahrung der Menschenrechte in Ägypten eine Wächter- und Dokumentationsaufgabe wahr und setzt sich für die Umsetzung erweiterter Menschenrechte aktiv ein.[17] Ihre staatliche Anerkennung erhielt die EOHR vom ägyptischen Sozialministerium nach zähem Ringen erst im Jahr 2003 und wurde damit erst 18 Jahre nach ihrer Gründung zu einer legal tätigen Nicht-Regierungsorganisation (NGO). Die EOHR widmet sich der Dokumentation von Menschenrechtsverletzungen in Ägypten, unabhängig von der Identität von Opfer und Täter, und führt Klage, und zwar sowohl dann, wenn der Verantwortliche für die betreffende Menschenrechtsverletzung ein Vertreter des Staates ist, als auch in den Fällen, in denen es um Privatpersonen geht. EOHR-Berichte dokumentieren Fälle von Folter und Misshandlung, ein weiterer Arbeitsschwerpunkt der EOHR sind die Dokumentation von Diskriminierungen gegen Frauen und die Unterstützung von Flüchtlingen. Zudem versucht die EOHR, durch Pressearbeit ein öffentliches Bewusstsein für die vorhandene Problematik zu schaffen und durch die Werbung von Partnern unter privaten Institutionen Unterstützer für ihr Anliegen zu gewinnen. Die EOHR nennt als eines ihrer Ziele die »Reform der ägyptischen Gesetzgebung bzw. Verfassung«, um sie mit den universalen Menschenrechtserklärungen in Einklang zu bringen, und fordert die Unabhängigkeit der Gerichte und die Abschaffung von Diskriminierungen aufgrund der Religionszugehörigkeit.[18] Daraus wird ersichtlich, dass die EOHR die eigentliche Problematik im religiös ausgerichteten Rechtssystem Ägyptens erkennt, das in der Scharia wurzelt. Wenn diese Wurzel als der werte- und normgebende Unterbau der konkreten Gesetzgebung nicht gekappt oder zumindest durch eine historisierende Betrachtung in ihrer Bedeutung zurückgeschnitten wird, können Menschen- und Freiheitsrechte in der ägyptischen Gesellschaft dort wohl nur schwerlich größeren Raum erlangen, wo sie von der Scharia nicht vorgesehen sind.

Islamische Menschenrechtserklärungen

Parallel zu diesen Menschenrechtsorganisationen existiert auch die andere Seite: Islamische Menschenrechtserklärungen, die mehr Rechte bestreiten als zu garantieren. Es gibt zwar keine islamische Menschenrechtserklärung, die allgemeine Anerkennung in islamisch geprägten Ländern erfahren hätte oder in konkrete Rechtstexte gegossen worden wäre und damit völkerrechtlich bindenden Charakter erfahren hätte, wie das für die UN-Menschenrechtscharta von 1948 der Fall ist. Einige islamische Menschenrechtserklärungen haben jedoch überregionale Bedeutung erlangt. Zwei Erklärungen sind darunter besonders prominent, die sogenannte »Kairoer Erklärung der Menschenrechte« von 1990[19] sowie die »Allgemeine Erklärung der Menschenrechte im Islam« von 1981[20].

Die »Allgemeine Erklärung der Menschenrechte im Islam« vom 19. September 1981 stammt aus der Feder des Islamrates von Europa, einer nicht-staatlichen Organisation mit Sitz in London, die als private Institution keinerlei Gefolgschaft beanspruchen kann. Die Erklärung kam auf Initiative des saudischen Königshauses zustande und stand unter der einflussreichen Mitwirkung von Wissenschaftlern aus dem Sudan, Pakistan und Ägypten.[21] Wer den Text dieser Erklärung studiert, dem fällt als Erstes auf, dass diese Erklärung von Muslimen (*»wir Muslime … verkünden«*) für Muslime verfasst wurde. Die Menschenrechte werden hier einlinig auf den Islam zurückgeführt bzw. mit dem Islam begründet und von ihm beansprucht. Schon in der Präambel heißt es: *»Vor 14 Jahrhunderten legte der Islam die ›Menschenrechte‹ umfassend und tiefgründig als Gesetz fest.«*[22] Die Propagierung des Islam sei ein *»aufrichtiger Beitrag zur Rettung der Welt aus allen Übeln … und … Befreiung der Völker von mannigfaltigen Plagen«*. Im gesamten Text wird der Islam als »wahre Religion« absolut gesetzt, unter deren Führung allein es dem menschlichen Verstand möglich sei, das diesseitige Leben zu bewältigen. Ferner betont die Präambel die Unverletzlichkeit beziehungsweise Unaufhebbarkeit der Scharia, die Pflicht des Herrschers zur Umsetzung der Scharia, die Notwendigkeit der Homogenität einer Gesellschaft, die dadurch erreicht werde, dass sich alle zur (islamischen) Religion bekennen, sowie die »Sicherheit, Freiheit, Würde und Gerechtigkeit« für jeden Menschen, die durch die volle Umsetzung der Scharia erlangt werde. Auch in den folgenden 23 Artikeln geht es um nähere Erläuterungen einer Lebensform, die einzig auf der Scharia basiert. Das Recht auf Leben und Freiheit (Art. 1 und 2) und auf Gleichheit aller Menschen (Art. 3) wird thematisiert, was allerdings in Art. 3 mit dem Hinweis eingeschränkt wird, dass die »Frömmigkeit« – also die Zugehörigkeit zum Islam – einem Menschen vor einem anderen einen Vorrang einräumt, was eine Rangordnung der Menschheit gemäß ihres Religionsbekenntnisses bedeutet. Art. 4 spricht allen Menschen das Recht zu, »nur nach der Scharia« beurteilt zu werden und alles abzulehnen, was der Scharia entgegensteht. In Art. 11 geht es um die Teilnahme am öffentlichen Leben, durch die allen Muslimen das Recht gegeben wird, »öffentliche Stellungen und Ämter zu übernehmen«, was umgekehrt wiederum vermuten lässt, dass Nicht-Muslimen der Zugang zu diesen Ämtern beschränkt oder verwehrt wird. Art. 12 garantiert Gedanken-, Glaubens- und Religionsfreiheit, die ebenfalls durch die entsprechenden Schariabestimmungen begrenzt werden, also Werbung für einen anderen Glauben als den Islam unter Muslimen verbietet, den Abfall vom Islam verurteilt oder sogar verfolgt, ebenso wie ganz allgemein disloyales Verhalten gegen Staat, Staatsgemeinschaft und (islamische) Religion: *»Nicht erlaubt ist die Verbreitung von Unwahrheit und die Veröffentlichung dessen, was der Verbreitung der Schamlosigkeit oder Schwächung der Umma (der Gemeinschaft der Muslime) dient.«*

Eine noch prominentere Erklärung, die »Kairoer Erklärung der Menschenrechte«, wurde am 4. August 1990 von 45 Außenministern der insgesamt 57 Mitgliedsstaaten der am 25. September 1969 in Rabat gegründeten »Organisation der Islamischen Konferenz« (OIC)[23] verabschiedet und am Tag darauf dem Hochkommissar für Menschenrechte der Vereinten Nationen überreicht.[24] Auch die Kairoer Erklärung erklärt die Scharia zur einzigen Grundlage für die Gewährung von Menschenrechten und lehnt darüber hinaus westliche Menschenrechtserklärungen, wie die Allgemeine Menschenrechtserklärung vom 10. Dezember 1948, als jüdisch-christliches Konstrukt säkularer und daher menschengemachter Gesetze ab. In der »Kairoer Erklärung der Menschenrechte« geht es nicht um Toleranz und Anerkennung von Nicht-Muslimen auf Augenhöhe, sondern um die Forderung nach einer islamischen Vorherrschaft, die mit der

Offenbarung des Islam begründet wird. Dies wird bereits in der Präambel deutlich, die in Anlehnung an Sure 3,110 betont, dass *»die islamische Umma [muslimische Weltgemeinschaft] ... von Gott als die beste Nation geschaffen wurde und ... der Menschheit eine universale und wohlausgewogene Zivilisation gebracht hat«*[25]. Die Präambel erläutert, dass die OIC ihren Beitrag dazu leisten möchte, den Menschen ein *»Recht auf ein würdiges Leben in Einklang mit der islamischen Scharia«* zu ermöglichen – was unmittelbar die Frage nahelegt, ob ein Leben, das sich nicht im Einklang mit der Scharia befindet, ebenfalls ein *»würdiges Leben«* sein kann. Abschließend unterstreicht die Einleitung den göttlichen, ewigen Charakter der Scharia. So wird gemahnt, dass die im Islam gewährten Rechte und Freiheiten weder aufgehoben noch verletzt oder missachtet werden dürften, denn dies sei *»eine schreckliche Sünde«*[26]. In Art. 24 und 25 der Kairoer Erklärung wird das oberste Prinzip zur Auslegung dieser Menschenrechtserklärung genannt: *»Alle Rechte und Freiheiten, die in dieser Erklärung genannt werden, unterstehen der islamischen Scharia«* (24) und in Art. 25 heißt es noch genereller: *»Die islamische Scharia ist die einzige zuständige Quelle für die Auslegung oder Erklärung jedes einzelnen Artikels dieser Erklärung.«*

Dieses Auslegungsprinzip der Überordnung der Scharia wird in jedem einzelnen der übrigen 23 Artikel der Erklärung deutlich. So wird in Art. 1 zwar betont, dass alle Menschen *»gleich an Würde, Pflichten und Verantwortung«* sind, augenfällig aber bleibt, dass hier nicht von den gleichen Rechten wie in der »Allgemeinen Erklärung der Menschenrechte« der UN-Erklärung von 1948 die Rede ist. Zudem ergänzt die Kairoer Erklärung, dass der *»wahrhafte Glaube ... die Garantie für das Erlangen solcher Würde«* sei. Hier drängt sich die Frage auf, ob diese Würde möglicherweise nur dann erlangt werden kann, wenn der »wahrhafte Glaube« (des Islam) angenommen wird. Dies scheint zumindest Art. 1b) nahezulegen, wenn es dort heißt: *»... niemand ist den anderen überlegen, außer an Frömmigkeit* *oder guten Taten.*« Frömmigkeit und gute Taten aber sind die im Koran an zahlreichen Stellen genannten Kennzeichen des wahren (islamischen) Glaubens und die Erfüllung der (islamischen) Glaubenspflichten (vgl. z. B. Sure 19,96). Ebenso wird der Schutz und die Unversehrtheit des Lebens durch die Scharia mit Art. 2a) begrenzt: »... *es ist verboten, einem anderen das Leben zu nehmen, außer wenn die Scharia es verlangt*« – nach der Scharia ist es zum Beispiel bei Ehebruch oder Abfall vom Islam (Apostasie) vorgesehen, dass jemandem das Leben genommen wird. Damit wird die Scharia über jede weltliche Gesetzgebung erhoben und ihr vorgeordnet. In Bezug auf die Gleichberechtigung der Frau vermerkt die Kairoer Erklärung, dass eine Frau »*durch keinerlei Einschränkungen aufgrund der Rasse, Hautfarbe oder Nationalität*« von einer Heirat abgehalten werden sollte (Art. 5). Die freie Wahl des Ehepartners unabhängig von dessen Religion wird nicht erwähnt, was den Hintergrund der Schariabestimmung widerspiegelt, dass eine muslimische Frau gemäß klassischer Schariaauslegung und nach in arabischen Ländern geltendem Recht keinen nicht-muslimischen Mann heiraten darf. Zudem heißt es hier nur, dass die Frau »*dem Mann an Würde gleich*« ist – offensichtlich aber nicht an Rechten, was nach Maßgabe der Scharia unmöglich ist, denn das Schariarecht – zumindest in seiner traditionellen und damit ganz überwiegenden Auslegung – ermöglicht im Erb-, Ehe- und Scheidungsrecht keine rechtliche Gleichstellung der Frau.

Problematisch sind diese Menschenrechtserklärungen aufgrund der Absolutsetzung des klassischen Schariarechts und der Erhebung des Islam zur einzigen, wahren Religion und Lebensordnung. Problematisch sind auch die vagen Formulierungen, die mehr Absichtserklärungen als einklagbare Rechte erläutern. Rechte erhält der Mensch lediglich aufgrund seines religiösen Bekenntnisses, volle Rechte nur als Muslim, als Mann mehr denn als Frau. Die muslimische Frau wiederum hat mehr Rechte als der nicht-muslimische Mann. Aber auch der muslimische Mann ist eingeschränkt durch die Maßgaben der Scharia, wenn es um seine Meinungs- und Gewissensfreiheit oder um die Frage des Religionswechsels zu einer anderen Religion geht, denn auch er verliert seine von der Scharia verbrieften Rechte, wenn er der Gesellschaft durch sein »disloyales« Verhalten Schaden zufügt. Ebenso können die so definierten Menschenrechte dem Atheisten oder Andersgläubigen nicht im vollen Umfang zukommen.

Natürlich fehlen in diesen beiden Erklärungen wesentliche Menschenrechte wie die Gleichberechtigung aller Menschen und die Rechtsgleichheit von Mann und Frau. Ebenso fehlt ein allgemeines und umfassendes Bekenntnis zur vollen (auch negativen) Religions- und Gewissensfreiheit, zur ungehinderten, öffentlichen Praktizierung einer Religion oder Weltanschauung, zu umfassenden Freiheitsrechten, zur politischen Willensbildung und zur Gleichheit aller Menschen über die Grenzen der »Umma« (Gemeinschaft aller Muslime) hinweg. Problematisch ist an diesen Erklärungen auch das Schweigen hinsichtlich der in der Scharia angeordneten Körperstrafen wie Amputation von Hand und Fuß bei Diebstahl oder die Auspeitschung beziehungsweise Steinigung bei Unzucht und Ehebruch, die in der Scharia angeordnet werden. Man sucht in diesen Erklärungen vergeblich nach einer Verurteilung und Distanzierung davon. Zwar kommen diese Körperstrafen in den wenigsten islamischen Ländern tatsächlich zur Anwendung, ihr theoretischer Geltungsanspruch wird jedoch bis heute von maßgeblichen Theologen der einflussreichen Gelehrtenstätten zumindest in der Theorie aufrechterhalten, in der Regel mit der Einschränkung, dass sie nur in einem wahrhaft islamischen Staat zur Anwendung kommen dürfen. Aufgrund der Notwendigkeit einer weltanschaulichen Begründung für die Gewährung von Freiheitsrechten stellt sich im nach-revolutionären Ägypten beziehungsweise Tunesien die Frage, wie die islamistischen Machthaber, die zumindest nach ihrer bisherigen Ausrichtung als Schariaverfechter zu bezeichnen sind, ihre konkrete Menschenrechts- und Frauenpolitik gestalten wollen. Eine Begründung für gleiche und freie Rechte wird ihnen schwerfallen, wenn sie am klassisch ausgelegten Schariarecht festhalten, ein offizielles Abrücken von diesen Normen jedoch ebenso.

Die Frauenrechte

Auch die von der Scharia her definierten Frauenrechte stellen in menschenrechtlicher Hinsicht ein Problem dar: Sie definieren nicht nur die religiöse Stellung von Frauen vor Gott, sondern beinhalten auch eine Reihe von Anordnungen zu ihrer gesellschaftlichen Stellung, zum Erb- und Eherecht, die eine rechtliche Gleichstellung der Frau in der Gesellschaft unmöglich machen. Daher ist auch in Bezug auf die Frauenrechte zu fragen, ob sich besonders Ägypten oder auch Tunesien mit ihren islamistisch ausgerichteten Regierungen für die Umsetzung der Gleichberechtigung entscheiden (also für deutliche Abstriche an schariadefinierten Frauenrechten) oder für die strikte Ausrichtung der Gesetzgebung im Familienrecht am Schariarecht – beides dürfte den Machthabenden Probleme bereiten.

Das von der Scharia her definierte Eherecht, wie es derzeit im ägyptischen Zivilrecht zu großen Teilen zur Anwendung kommt, schreibt die rechtliche Benachteiligung der Frau als ewige, von Gott gegebene Ordnung fest. Die Schariabestimmungen für Ehe und Familie verbinden sich zudem vor Ort mit kulturellen Normen und althergebrachten Traditionen. Diese sind teilweise in der arabischen Stammesgesellschaft verwurzelt und wurden mit dem Aufkommen des Islam in die Religion integriert. So sind manche der allgemein anerkannten Verhaltensnormen eine Mischung aus Kultur, Religion und Tradition.

Das von der Scharia geprägte Ehe- und Familienrecht benachteiligt die Frau auf vielfältige Weise. Da ist nicht nur das in Sure 4,34 verankerte Recht des Mannes, seine Frau im Fall ihres Ungehorsams mit Nichtbeachtung zu strafen und zu züchtigen, was und nach überwiegender Meinung, auch von zeitgenössischen Theologen, bejaht und gesellschaftlich größtenteils akzeptiert wird. Abgesehen vom Erb- und Zeugenrecht ist sie auch im Ehe-, Scheidungs- und Kindschaftssorgerecht schlechter gestellt als der Mann. Der Koran erlaubt dem Mann nach überwiegender Auffassung die Ehe mit bis zu vier Frauen und einer nicht benannten Zahl an Nebenfrauen (Sure 4,3). Das traditionelle Scheidungsverfahren berechtigt den Mann, sich von seiner Frau durch das Aussprechen einer Formel (»Ich verstoße dich«) zu scheiden, ohne dass eine Begründung oder ein Gerichtsverfahren erforderlich wäre. Etliche islamische Länder haben dieses Verfahren heute erschwert und schreiben zum Beispiel einen gerichtlichen Versöhnungsversuch vor. Die Frau benötigt ihrerseits jedoch immer ein Gerichtsverfahren zur Scheidung und kann sie auch nur dann durchsetzen, wenn sie eine schwerwiegende Verfehlung ihres Mannes beweisen kann. Zudem lässt sie eine Scheidung häufig mittellos zurück, da der Mann allenfalls wenige Monate Unterhalt leisten muss, und beraubt sie sehr häufig ihrer Kinder, die nach Schariarecht nach Ablauf der Kleinkinderzeit immer zur Familie des Mannes gehören.

Warum setzen sich Frauenrechte, Gleichheits- und Freiheitsrechte in vielen islamisch geprägten Ländern bisher so schwer durch? Frauenbewegungen in etlichen arabischen Ländern haben mutig für Fortschritte gekämpft und manches erreicht: Eine Heraufsetzung des Heiratsalters, eine Erschwerung der Scheidung oder der Mehrehe für den Mann. Gleichzeitig gilt aber auch, dass überall dort, wo in den Verfassungen und Gesetzgebungen der einzelnen Länder die Scharia als Quelle des Zivilrechts, des Ehe- und Familienrechts gilt, dies die gläserne Decke darstellt, an die die Frauenbewegung stößt. So konnte sie zum Beispiel in Ägypten im Eherecht durchsetzen, dass der Mann vor dem Abschluss einer Zweitehe die Erlaubnis seiner Erstfrau einholen muss: Zweifellos ein Fortschritt, der die Polygamie erschwert. Aber die Vielehe gesetzlich ganz zu verbieten, das wäre im Moment in allen arabisch geprägten Ländern – bisher war Tunesien mit seinem Gesetz zur Einehe eine Ausnahme unter den arabischen Ländern – undenkbar, weil die Scharia zwar mancherlei Auslegung zulässt, aber nach weitgehend einhelliger Auffassungen der Theologen die Mehrehe erlaubt. Zudem gilt Muhammads Vorbild (auch seine Mehrehen), wie es in der Überlieferung niedergelegt ist, als verbindlich und als eine Quelle des Schariarechts. Solange das Schariarecht Quelle der Zivilgesetzgebung ist, wird die Polygamie in islamisch geprägten Ländern nicht angetastet werden können.

Das Verhältnis zu Frieden und Gewalt

Ebenso hat die Frage, inwiefern zur Verteidigung des Islam Gewalt angewandt werden darf, viel mit dem Thema Scharia zu tun, aber auch mit dem bisher unkritischen Blick der Theologie auf die islamische Geschichte und auf das Vorbild Muhammads. Muhammad begann bekanntermaßen in Mekka etwa um das Jahr 610 mit der Verkündigung des Islam. Neben dem Aufruf, sich Allah, dem einen Gott zuzuwenden, bevor das Jüngste Gericht hereinbrechen würde, verkündete er bis 622 vor allen Dingen ethische Gebote. Im Jahr 622 emigrierte er nach Medina, wo er bis 632 nicht mehr nur Verkünder des Islam, sondern auch Gesetzgeber und Heerführer der dort entstehenden ersten islamischen Gemeinschaft war. In Medina führte er mehrere Schlachten und Kämpfe an. Einige wurden gegen ihn initiiert, einige begann er selbst, er führte Verteidigungs- wie Angriffskriege. Aus den Schilderungen des Koran kennen wir die Schlachten von Badr, von Uhud, die Schlachten gegen die Beduinen und die Mekkaner und die Kämpfe gegen die jüdischen Stämme. In den koranischen Berichten dieser Kämpfe finden sich zahlreiche Aufrufe an die gläubigen Muslime, daran teilzunehmen. Der Koran enthält etwa den berühmten »Schwert-Vers«, der die Tötung der Heiden befiehlt (Sure 9,5). An einigen Stellen spricht der Koran vom »Jihad«

oder in der Verbform von »jahada«, was so viel heißt wie »sich bemühen, sich anstrengen auf dem Weg Gottes« (z. B. Sure 66,9; 9,41). Er spricht aber auch von »qital«, von der Tötung der Feinde. In den Korantexten, die von Kämpfen berichten oder zur Kriegsführung auffordern, haben die Begriffe Jihad sowie jahada fast ausschließlich kämpferische Bedeutung: Es geht um das Kämpfen und Töten auf dem Weg Gottes (4,84; 9,73). Auch, dass die im Jihad Getöteten bei Gott (ewig) leben werden, ist eine im Koran wiederholt formulierte Auffassung: »*Und haltet die um Gottes Willen Getöteten nicht für tot, nein, sondern für lebendig bei ihrem Herrn ... froh über das, was Gott in seiner Huld ihnen gab und voller Freude darüber, dass die, die nach ihnen kommen, keine Furcht haben und nicht trauern werden*« (3,169-170).

Rechtfertigen diese Berichte heute die Ausübung von Gewalt? Nicht notwendigerweise. Zunächst sind es Berichte von Geschehnissen aus dem 7. Jahrhundert n. Chr., die einer Auslegung bedürfen. Zum Korantext tritt die Überlieferung hinzu (arabisch: hadith), die gewissermaßen die Entwicklung nach Muhammads Tod fortschreibt, und noch die ersten Generationen von Nachfolgern nach Muhammad mit einschließt. Im 8., 9. und 10. Jahrhundert durchlief die Überlieferung einen Sammel- und Sichtungsprozess, der vermutlich mit dem 10. Jahrhundert zum Abschluss kam. Die Überlieferung enthält Berichte und Anweisungen zu zahlreichen Themen wie etwa Anweisungen zum Fasten und Gebet, zu Fragen des Alltags, zum Ehe- und Familienrecht, zum Erb- und Strafrecht sowie zum Jihad. Sie erläutert und erweitert vieles, was der Koran nur sehr knapp darstellt. So enthält die Überlieferung auch etliche Berichte und Anweisungen zum Kampf auf dem Weg Gottes und zum Gedanken des Märtyrertums, der hier häufig mit der Aussicht auf das Paradies verbunden wird. Auch das sind zunächst historische Berichte, die sehr unterschiedlich bewertet werden können. Die islamische Theologie hat im Laufe der Jahrhunderte zahlreiche Regeln für den Jihad festgelegt, ganz besonders zur Frühzeit, der Zeit der Expansion, aber dem Kampf auf dem Weg Gottes im Laufe der Geschichte niemals eine grundsätzliche Absage erteilt.

Vom 8. Jahrhundert an finden wir umfangreiche Kompendien arabischer Theologen und Juristen, die viele Regeln hinsichtlich der Mittel und Wege des erlaubten und verbotenen Kampfes festgelegt haben. Aber es gibt nicht die Lehrauffassung aus der Mitte der etablierten Theologie, die den Jihad grundsätzlich ein für alle Mal als unerlaubt deklariert. Es gibt durchaus Vertreter, die der Auffassung sind, der Jihad sei allein mit der Zunge und der Hand zulässig, also indem man das Gute redet und tut. Leider sind das stets nur Randpositionen geblieben, und aus der Mitte der etablierten Theologie und der Lehrstätten kommt diese Art friedensstiftender Theologie nicht. Natürlich haben die meisten Muslime deshalb nicht gegen ihre Zeitgenossen Kriege geführt. Aber wenn sich nun Jihadisten auf die klassischen Theologen und ihre Auslegungen berufen, dann kann man sie nicht widerlegen, indem man darauf hinweist, dass der Islam mit Terror nicht das Geringste zu tun habe und Jihadisten keine Muslime sein könnten. Denn derjenige, der aus der Frühzeit des Islam und dem unantastbaren Vorbild Muhammads die Anweisung zum Kampf ziehen möchte, kann dies tun, ohne nach klassischer Auslegung die Quellen missbrauchen zu müssen.

Die Religionsfreiheit

Die Religionsfreiheit ist in islamisch geprägten Ländern eine weitere brisante Frage, besonders für Konvertiten, Andersdenkende, Atheisten und nicht-islamische Minderheiten. Sie wird sich nach menschenrechtlichen Standards erst dann zufriedenstellend lösen, wenn entweder eine weitreichende gesellschaftliche Säkularisierung stattfindet, die derzeit aber unwahrscheinlich erscheint, oder aber innerhalb der islamischen Theologie eine Distanzierung vom klassischen Schariarecht erfolgt.

Es gibt zur Frage der Religionsfreiheit unter islamischen Theologen heute unterschiedliche Positionen: Eine Minderheit der Theologen äußert unverblümt, dass Religionsfreiheit für sie ausschließlich die Freiheit ist, der einzig wahren Religion, dem Islam, anzugehören oder sich ihm zuzuwenden, und dass bei Muslimen, die Zweifel oder Kritik am Islam äußern, sofort die Todesstrafe zur Anwendung kommen muss. Für eine weitere Minderheit von Theologen gilt die Religionsfreiheit für jedermann, meint also die Freiheit, den Islam anzunehmen oder sich von ihm abzuwenden, ganz im Sinne der UN-Menschenrechtserklärung. Eine »gemäßigte« Mehrheit der Theologen definiert Religionsfreiheit heute folgendermaßen: Nicht-Muslime – insbesondere Juden und Christen – in islamisch geprägten Ländern dürfen ihre Religion behalten und müssen nicht zum Islam konvertieren. Für Muslime bedeutet jedoch Religionsfreiheit ausschließlich die Freiheit der Gedanken mit der Möglichkeit, unter Umständen insgeheim Zweifel am Islam zu hegen. Wer seine abweichenden Auffassungen jedoch propagiert, ist nach Meinung einer breiten Mehrheit traditionell ausgebildeter Theologen nach Schariarecht des Todes schuldig – auch wenn es nur wenige Länder gibt, in denen es überhaupt möglich wäre, einen Apostaten vor Gericht zu stellen. Allerdings wird ein Abgefallener von der Gesellschaft schnell als Staatsfeind betrachtet. Teilweise kann es sehr gefährlich werden, wenn Rechtsgelehrte in der Moschee zur Tötung von Apostaten aufrufen und die Gesellschaft solche Abtrünnigen verfolgt oder in manchen Fällen sogar auf offener Straße hinrichtet – wie etwa den ägyptischen Säkularisten Farag Fawda, der 1992 in Kairo auf offener Straße ermordet wurde, nachdem eine Fatwa (Rechtsgutachten) der al-Azhar-Universität die Hinrichtung eines Abgefallenen für rechtens erklärt hatte. Zwei Gelehrte der al-Azhar-Universität, Muhammad al-Ghazali und Muhammad Mazru'a, hatten daraufhin die späteren Täter davon überzeugt, dass es die religiöse Pflicht eines jeden Gläubigen sei, Apostaten hinzurichten.[27] Die Wurzel dieser Auffassung liegt im Schariarecht, das durch namhafte Theologen bis zum 10. Jahrhundert n. Chr. seine grundlegende Festschreibung erfuhr. Dieses Schariarecht fordert nach übereinstimmender sunnitischer wie schiitischer Auffassung die Anwendung der Todesstrafe für einen Abgefallenen. Daher halten viele Muslime ebenso wie Vertreter der klassisch-islamischen Theologie zwar die Hinwendung eines Menschen zum Islam für wünschenswert, verurteilen jedoch den Abfall vom Islam. Das gilt umso mehr, wenn sich der »Apostat« einer anderen Religion zuwendet, wie etwa dem christlichen Glauben, der der islamischen Theologie als überholt und verfälscht gilt. Daher sehen sich Muslime, die Christen oder, in seltenen Fällen, etwa Buddhisten werden oder einer nicht anerkannten Minderheit wie den Bahai angehören, in vielen islamisch geprägten Gesellschaften mit Ausgrenzung, Diskriminierung oder sogar Verfolgung konfrontiert.

Folgen des Abfalls vom Islam

Oft stehen die Familien von Konvertiten dem Glaubenswechsel mit völligem Unverständnis gegenüber und versuchen, sie umzustimmen, und bedrohen sie teilweise, denn Abfall bedeutet für die Familie in der Regel Schande, Verrat und Skandal. Der Konvertit kann zwar in den meisten islamisch geprägten Ländern nicht per Gesetz zum Tod verurteilt werden, aber zumindest kann er enterbt werden. Auch seine Ehe kann zwangsweise geschieden werden, da laut dem schariageprägten Zivilrecht der arabischen Staaten keine Muslimin mit einem Nicht-Muslim verheiratet sein darf. Dem Apostaten droht zudem der Entzug seiner Kinder, da nach Schariarecht muslimische Kinder nicht von einem Nicht-Muslim erzogen werden dürfen, und er verliert oft seine Arbeitsstelle, da kaum jemand einen Konvertiten beschäftigen wird, sowie sein Zuhause; nicht selten wird er aus der Familie ausgestoßen. In dramatischen Fällen kann es so weit kommen, dass Mitglieder der Familie oder Gesellschaft selbst Hand an den Konvertiten legen und ihn misshandeln, ihn zwangsweise in eine Psychiatrie einweisen oder sogar versuchen, ihn umzubringen. Manche glauben, den öffentlichen Gesichtsverlust durch einen Konvertiten in der Familie nicht ertragen zu können, andere hören vom Imam oder Mullah, dass es nach Schariarecht die Pflicht jedes Gläubigen sei, Konvertiten auch ohne Gerichtsverhandlung zu töten. Manche sind davon überzeugt, mit der Tötung des Abgefallenen den Islam zu verteidigen, da die westliche Welt – insbesondere die USA – ausgezogen sei, den Islam zu zerstören, Konvertiten »kaufe« und als Spione aussende.

Weil es aufgrund des religiös bestimmten Zivilrechts in derzeit allen arabischen Ländern nicht möglich ist, aus dem Islam auszutreten, bleiben die Kinder von Apostaten schariarechtlich in jedem Fall Muslime. Sie müssen auch als Muslime erzogen werden, müssen also den islamischen Religionsunterricht besuchen. Sie können nur islamisch heiraten und ihre Kinder gelten rechtlich ebenfalls wieder als Muslime, auch wenn sie, ihre Eltern und Großeltern bereits Konvertiten zum Christentum waren. In etlichen Staaten droht einem konvertierten Ehepaar oder einem konvertierten Elternteil der Entzug der Kinder, wenn etwa ein Verwandter gerichtlich klagt, dass »muslimische Kinder« nicht bei Christen aufwachsen dürfen, was das Schariarecht verbietet. Daher gehört der Vorwurf des Unglaubens, des Abfalls vom Islam und der Blasphemie in islamisch geprägten Gesellschaften zu den folgenschwersten Anklagen überhaupt. Er wird nicht nur dann erhoben, wenn eine Person den Islam verlassen oder sich der Gotteslästerung schuldig gemacht hat. Er richtet sich manchmal auch gegen missliebige politische Gegner oder wird benutzt, um Besitz zu erpressen. Dies ist besonders in Pakistan der Fall, wo die seit Kolonialzeiten bestehenden und ab 1980 schrittweise verschärften »Blasphemy Laws« als scharfe Waffe benutzt werden, um vor allem Minderheiten wie die islamische Sondergemeinschaft der Ahmadiyya sowie Christen unter Druck zu setzen.

Gründe für die Ablehnung des Religionswechsels

Die »prominenteste« Aussage des Koran zur Religionsfreiheit ist sicher der Vers: »*Es gibt keinen Zwang in der Religion*« (Sure 2,256). Zahlreiche islamische Theologen haben hervorgehoben, dass niemand zur Konversion zum Islam gezwungen werden dürfe. Das spiegelt sich auch mindestens in Teilen der islamischen Eroberungsgeschichte wider: Christen und Juden durften in den von Muslimen eroberten Gebieten in der Regel ihren Glauben und ihre religiöse Autonomie behalten, mussten also nicht konvertieren. Sie wurden zu »Schutzbefohlenen« (dhimmi), die Sondersteuern entrichten und sich unterwerfen mussten. Sie waren Geduldete, Bürger zweiter Klasse und rechtlich Benachteiligte, denn sie hingen angeblich einer durch den Islam überholten – und aufgrund der Abweichungen vom Islam als verfälscht beurteilten – Religion an. Wer jedoch einmal zum Islam übergetreten war, durfte ihn nicht wieder verlassen. Sure 2,256 bedeutet nach überwiegender Meinung der Theologen nämlich nicht, dass der Islam für den freien Religionswechsel in beide Richtungen und die Gleichberechtigung aller Religionen eintreten würde. Vielmehr wird er oft so ausgelegt, dass man keinen Menschen zum Akt des »Glaubens« (im Sinne eines Überzeugtseins) zwingen könne. In der Tatsache, dass schon der Koran das Juden- und Christentum als minderwertige Religionen ansieht, liegt ein Grund, warum die Konversion zum Christentum als grundlegend falsch gilt: Sie scheint ein Rückschritt zu einem überholten Glauben zu sein, der aus Sicht des Islam korrigiert und durch Muhammad, das »*Siegel der Propheten*« (Sure 33,40), abgelöst wurde. Die »Kairoer Erklärung der Menschenrechte« nennt in Art. 10 etwa den Islam »*die Religion der reinen Wesensart*«, also die unverfälschte Religion, die jedem Menschen natürlicherweise entspricht; jede Abweichung davon gilt als minderwertig. Zudem erscheint das Christentum vielen Theologen als »westliche« Religion, als Religion der Kreuzfahrer und Kolonialherren und wird mit westlich-politischer Dominanz verknüpft.

Ein weiterer Grund für die Ablehnung des freien Religionswechsels liegt in der Tatsache, dass die Abwendung vom Islam von vielen Muslimen nicht als Privatangelegenheit betrachtet wird, sondern als Schande für die ganze Familie oder sogar als politisches Handeln, als Unruhestiftung, Aufruhr oder Kriegserklärung an die muslimische Gemeinschaft. Weil sich nach Muhammads Tod im Jahr 632 mehrere Stämme auf der Arabischen Halbinsel, die den Islam zunächst angenommen hatten, wieder von ihm abwandten, bekämpfte Abu Bakr, der erste Kalif nach Muhammad, diese Stämme in den sogenannten Ridda-Kriegen (Abfall-Kriegen) und schlug ihren Aufstand erfolgreich nieder. Aufgrund dieser gewaltsam niedergeschlagenen Aufstände zur Zeit des Frühislam ist die Apostasie im kollektiven Gedächtnis der muslimischen Gemeinschaft von der Frühzeit an mit politischem Aufruhr, mit Verrat und mit der gewaltsamen Besiegung dieses Verrats verknüpft.

Der Umgang mit Apostaten

Der Koran selbst spricht einerseits vom Unglauben der Menschen und vom »*Abirren*« (Sure 2,108), denen der »*Zorn Gottes*« (9,74) sowie die »*Strafe der Hölle*« (4,115) drohen, definiert aber kein irdisches Strafmaß und benennt kein Verfahren zur einwandfreien Feststellung der Apostasie. Einige Verse scheinen sogar die freie Religionswahl nahezulegen (z. B. 3,20), während andere, wie etwa Sure 4,88-89, Muslime ermahnen, diejenigen zu »*greifen und zu töten*«, die sich »*abwenden*«. Ein vieldeutiger Textbefund also, der von einigen wenigen muslimischen Theologen so ausgelegt wird, dass der Koran volle Religionsfreiheit befürworte, da hinsichtlich des Tatbestandes der Apostasie eben kein eindeutiger Textbefund zu erheben ist.

Andere jedoch argumentieren, der Koran votiere für die Todesstrafe bei Abfall, zum Beispiel aufgrund von Versen wie Sure 4,88-89. Hier ist zunächst von den »*Heuchlern*« die Rede, die sich wünschen, dass alle so ungläubig wären wie sie. Dann heißt es: »*Und wenn sie sich abwenden (und eurer Aufforde-rung zum Glauben kein Gehör schenken), dann greift sie und tötet sie, wo (immer) ihr sie findet, und nehmt euch niemand von ihnen zum Freund oder Helfer!*« Und auch in Sure 9,11-12 geht es um diejenigen, die sich der muslimischen Gemein-schaft angeschlossen haben (Vers 11 benennt als Kennzeichen ihrer neuen Zugehörigkeit zum Islam Reue, rituelles Gebet und Almosenabgabe), dann aber ihre »*Eide brechen*«: Sie sollen als »*Anführer des Unglaubens bekämpft*« werden. Insbesondere aus diesen Versen sowie aus den Ridda-Kriegen (den gewalt-sam niedergeschlagenen Abfallbewegungen nach Muhammads Tod) leiten zahlreiche Theologen die politische Gefährdung der muslimischen Gemeinschaft durch Apostaten ab.

Die bis zum 9. beziehungsweise 10. Jahrhundert zusam-mengetragene islamische Überlieferung (mit Berichten über Muhammad und die ersten Muslime und ihr Handeln) verurteilt die Abwendung weitaus schärfer und fordert nun auch eindeu-tiger die Todesstrafe. Die Überlieferung verwendet ausdrück-lich den Begriff »Abfall« für die Abwendung vom Islam und be-richtet von der Hinrichtung einzelner Abtrünniger, etwa durch die Kalifen, und fordert mehrfach den Vollzug der Todesstrafe für den Apostaten. Die von den Befürwortern der Todesstrafe am häufigsten zitierte Überlieferung in diesem Kontext ist ein Ausspruch, der auf Muhammad zurückgeführt wird: »*Wer seine Religion wechselt, den tötet.*« Andere Theologen wiede-rum bezweifeln die Echtheit dieses Ausspruches und lassen ihn zur Begründung der Todesstrafe nicht gelten. Allerdings schließen sich dieser Forderung nach Verhängung der Todes-strafe für die Abwendung vom Islam bis zum 10. Jahrhundert die Gründer und Schüler der vier sunnitischen Rechtsschulen sowie der wichtigsten schiitischen Rechtsschule an, sodass die Mehrzahl der einflussreichen Theologen der Frühzeit des Islam die Todesstrafe bei Konversion forderte und dies in den Strafrechtstexten der Schariakompendien verbindlich nieder-legte.

Tatsache ist, dass von der Frühzeit des Islam an und durch die gesamte islamische Geschichte Menschen wegen ihres Abfalls vom Islam hingerichtet wurden, ebenso sind uns aber auch Fälle von Begnadigungen überliefert. Ob die Todesstrafe, besonders in der Frühzeit des Islam, in jedem Fall vollzogen wurde, ob der Abgefallene Gelegenheit zur Reue erhielt und wer überhaupt berechtigt war, den Abfall zu beurteilen und den Beschuldigten anzuklagen und hinzurichten, ist aus der Geschichte nicht lückenlos zu rekonstruieren.

Die Apostasie im 20. Jahrhundert

Im 20. Jahrhundert erhält die Thematik jedoch eine ganz neue Bedeutung. Im Zusammenhang mit dem Aufkommen des Islamismus und der Forderung politisch-islamischer Kräfte, die Scharia in vollem Umfang zur Anwendung zu bringen, erheben sich vermehrt Rufe nach der Hinrichtung von Apostaten. Progressive Koranausleger, Frauenrechtlerinnen, kritische Journalisten und Autoren, Säkularisten und Angehörige von Minderheiten werden nun vermehrt wegen Apostasie angezeigt. So kam es in den letzten zehn Jahren des 20. Jahrhunderts in Ägypten zu mindestens 50 Anklagen wegen Apostasie vor Gericht, darunter der berühmte Fall des Koranwissenschaftlers Nasr Hamid Abu Zaid, der 1996 wegen einer Apostasieklage aus Ägypten in die Niederlande fliehen musste. Einige Theologen forderten damals sogar die Einführung der Todesstrafe in das ägyptische Recht. Besonders von Islamisten des 20. Jahrhunderts wird die frühislamische Zeit nun vermehrt bemüht, um zu zeigen, dass die Verfolgung von Apostaten »schon immer« praktiziert worden und im Übrigen »im Islam« eine verpflichtende Handlung sei, da es sich bei Abfall um ein Kapitalverbrechen handle. Apostasie wird in der Neuzeit häufig mit Landesverrat, Aufruhr, Aufkündigung der politischen Loyalität und Umsturz gleichgesetzt.

Die Mehrheit der klassisch-islamischen Theologen dürfte heute die Auffassung des international einflussreichen ägyptischen Gelehrten Yusuf al-Qaradawi (geb. 1926) befürworten: Danach darf ein Muslim zwar durchaus in seinem Innersten Zweifel hegen, denn das Innerste eines Menschen ist niemandem zugänglich und daher nicht zu beurteilen. Er darf nach al-Qaradawis Auffassung jedoch mit niemandem über seine Zweifel sprechen, nicht zu einer anderen Religion konvertieren oder versuchen, andere vom Islam abzuwerben. Auch die Scharia, den Islam, den Koran oder Muhammad darf er in keinem Aspekt kritisieren. Tut er dies doch, betrachtet al-Qaradawi dies als öffentliche Aufruhrstiftung, Verrat und Entzweiung der muslimischen Gemeinschaft, die unterbunden und bestraft werden muss. Al-Qaradawi hält in diesem Fall die Anwendung der Todesstrafe für verpflichtend. Seine Definition von »Glaubensfreiheit« bedeutet eben nicht Religionsfreiheit, sondern nur innere Gedanken- und Überzeugungsfreiheit, ohne dass diese auch zum Ausdruck kommen darf. Damit wird ein persönliches Bekenntnis zum Staatsverrat.

Zusammenfassend gesagt haben wir also heute die paradoxe Situation, dass die Verfassungen etlicher islamisch geprägter Staaten das Recht auf Religionsfreiheit zwar ausdrücklich anerkennen,[28] es dort aber in der Praxis nirgends umfassende, positive wie negative Religionsfreiheit in alle Richtungen gibt, sondern nur die Freiheit, zum Islam überzutreten oder am Islam festzuhalten. Dabei hat die Frage nach der Religionsfreiheit aufgrund der häufig dramatischen Konsequenzen für den Apostaten nicht nur eine religiöse Dimension, sondern auch gesellschaftliche wie politische Folgen. Auch wenn viele Muslime persönlich nie Hand an einen Konvertiten legen beziehungsweise seine Verurteilung mindestens als problematisch betrachten würden: Die Tatsache, dass weder die klassische noch die zeitgenössische islamische Theologie bisher eine weithin akzeptierte positive Begründung für Religionsfreiheit noch eine grundsätzliche Verurteilung der Todesstrafe für Apostasie vorgelegt hat, verhindert eine Aussöhnung islamisch geprägter Gesellschaften mit der Religionsfreiheit.

Zudem fehlt bis heute eine allgemeingültige Definition für Apostasie, sodass die sehr wandelbare Füllung dieses Begriffs seine Anwendung auf vielerlei Situationen erlaubt. So stellt sich heute die Frage, ob sich Ägypten und die übrigen Länder der MENA-Region[29] für ein gleichberechtigtes Miteinander der religiösen Gemeinschaften entscheiden und dafür Begründungen finden, die in ihren Gesellschaften akzeptiert werden, oder ob sie sich in Fragen der Religionsfreiheit weiterhin – oder noch stärker – für eine Orientierung am Schariarecht entscheiden, das dann Atheisten und Minderheiten, Konvertiten und Andersdenkende mindestens diskriminiert, wenn nicht sogar in ihrer Existenz bedroht.

Die Stellung von Nicht-Muslimen in islamisch geprägten Staaten

Welche Rechte die Minderheiten in der MENA-Region in Zukunft haben werden, wird mit darüber entscheiden, ob sich die Regionen in Richtung von Demokratien entwickeln werden. Auch hier geht es letztlich um die Frage: Wer definiert die Freiheitsrechte der Minderheiten? Schariarecht oder säkulares Recht, das von einer Trennung von Religion und Politik und vom Gleichheitsgrundsatz aller religiösen Gruppierungen ausgeht?

Die heute im Nahen Osten und Nordafrika lebenden Minderheiten der Juden und Christen stellten vor dem Aufkommen des Islam in den meisten Ländern dieser Region die Bevölkerungsmehrheit. Über die Jahrhunderte kam es zu einer Umkehr der Verhältnisse. Gründe dafür waren Eroberungskriege, kircheninterne theologische Streitigkeiten – etwa über die Natur Christi – Machtpolitik und Nepotismus, das Verbot der Konversion vom Islam zum Juden- oder Christentum, Aufstiegsmöglichkeiten nach der Konversion zum Islam, Erbregelungen, die den Übertritt zum Islam begünstigten, Ehegesetze, die dafür sorgten, dass Kinder aus gemischtreligiösen Ehen in jedem Fall Muslime waren, aber auch eine Toleranzpolitik, die die

Regentschaft der islamischen Eroberer teilweise leichter tragbar erscheinen ließ als die byzantinische Herrschaft. Heute ist das Judentum zu einer verschwindenden Minderheit im Nahen Osten und Nordafrika geworden. In einigen Ländern mit einer ehemals großen jüdischen Gemeinschaft, wie dem Jemen, ist es ganz erloschen. Auch das Christentum stellt zahlenmäßig heute eine kleine Minderheit in Nordafrika und dem Nahen Osten dar; in einigen Regionen wie Saudi-Arabien oder dem Jemen, die vor dem Aufkommen des Islam eine große christliche Gemeinschaft besaßen, gibt es heute offiziell keinerlei einheimische Christen oder Kirchen. Insgesamt haben die etablierten evangelischen, katholischen und orthodoxen Kirchen der Region Rückgänge zu verzeichnen, während die Zahl der gleichzeitigen Neugründungen unabhängiger christlicher Hauskirchen (aufgrund des Verfolgungsdrucks nicht selten im Untergrund) in manchen Ländern beständig zunimmt. Einige dieser Hauskirchen (wie etwa in Marokko) werden stillschweigend geduldet, andere (wie etwa im Iran) treffen sich unter Lebensgefahr. Aufgrund dieser Entwicklung stellen sich heute nicht wenige Experten die Frage – und dies umso mehr angesichts großer Fluchtbewegungen christlicher Gemeinschaften wie aus dem Irak in den vergangenen Jahren –, ob das Christentum das Schicksal des Judentums mit einem baldigen Erlöschen der angestammten christlichen Kirchen in dieser Region teilen wird. Denkbar scheint eine solche Entwicklung durchaus. Ägypten stellt mit der verhältnismäßig großen christlichen Minderheit der Kopten von etwa acht bis zwölf Millionen Menschen eine Ausnahme dar.

Juden und Christen sind jedoch nicht die einzigen Minderheiten in den islamisch geprägten Gesellschaften Nordafrikas und des Nahen Ostens. Zu den jüdischen und christlichen Gruppierungen kommen Minderheitengruppen, die aus dem Islam hervorgegangen sind beziehungsweise islamische, gnostische und christliche Elemente in sich vereinen und von der klassisch-islamischen Theologie größtenteils als Häretiker verurteilt werden. Politisch werden sie mancherorts bedroht (wie etwa die Bahai in Ägypten), anderenorts trotz öffentlicher Verurteilung geduldet (wie die Sunniten im Iran) oder aber als »Gotteslästerer« erbittert verfolgt (wie etwa die Ahmadiyya-Bewegung in Pakistan). Einige Minderheiten werben nicht für ihren Glauben, sondern bestehen ausschließlich aus Mitgliedern, die in die Gemeinschaft hineingeboren wurden (wie etwa die Gemeinschaft der Drusen im Libanon), andere sind als Nationalkirche mit ethnischen Gruppierungen identisch (so etwa die Assyrer oder Armenier). Bei anderen wieder ist ihr Status – islamische Minderheit oder eigene Religionsgemeinschaft – nicht abschließend geklärt (wie etwa bei den Aleviten der Türkei).

Das Verhältnis zu nicht-islamischen Minderheiten in den islamisch geprägten Gesellschaften Nordafrikas und des Nahen Ostens wird wesentlich durch drei Faktoren definiert: die Geschichte, die in Bezug auf die Person Muhammads als vorbildhaft gilt, die Aussagen von Koran und Überlieferung (arabisch: hadith) über den Umgang mit Nicht-Muslimen und das islamische Recht (vor allem die Bestimmungen zu den Minderheiten im Schariarecht). Im gesellschaftlichen Bereich wird das Verhältnis zu den Minderheiten bestimmt durch die religiös geprägten gesellschaftlichen Normen, die wesentlich durch einflussreiche Theologen und Lehrstätten vorgegeben werden. Allen voran sind hier die al-Azhar-Universität in Ägypten und einflussreiche Theologen zu nennen, wie etwa der derzeit wohl berühmteste sunnitische Theologe Yusuf al-Qaradawi (geb. 1926). Er ist Autor von rund 120 Büchern, betreibt drei eigene Webseiten und eine eigene TV-Sendung.

Das Schariarecht und die Minderheiten

Als Muhammad etwa ab dem Jahr 610 auf der Arabischen Halbinsel den Islam zu verkündigen begann, predigte er vor allem den polytheistischen arabischen Stämmen, hoffte aber auch auf Anerkennung bei Juden und Christen, die er zunächst als »Gläubige« und »Gottesfürchtige« (Sure 5,82; 3,110) recht positiv beurteilte. Ihnen präsentierte er sich als letzter Prophet der Geschichte, der die Prophetenreihe nach Abraham, Mose und Jesus abschließt. Als weder Juden noch Christen seinen Sendungsanspruch akzeptierten (Sure 2,111; 5,15), begann Muhammad die jüdischen Gruppierungen nach seiner Übersiedlung nach Medina ab 624 n. Chr. militärisch zu bekämpfen und die Christen im Laufe der Jahre immer stärker theologisch zu verurteilen. Schließlich verurteilte er die Christen hauptsächlich aufgrund ihrer Lehre von der Trinität – aus Sicht des Koran eine Verehrung von »drei Gottheiten«: Gott, Sohn und Mutter Gottes – als »Ungläubige« (Sure 2,116; 5,72-73). Auch die Lehre von der Sündhaftigkeit aller Menschen und ihrer Erlösung durch den Tod von Jesus am Kreuz (Sure 4,157-158) und seine Auferstehung lehnt der Koran ab. Der christliche Glaube galt Muhammad nun, zum Ende seines Lebens, ebenso wie der späteren islamischen Theologie als verfälscht und überholt. Daher werden das Juden- und das Christentum sowie alle anderen früheren Religionen durch den Koran, die aus islamischer Sicht einzige verlässlich überlieferte Schrift, und den Islam, die aus dieser Perspektive einzig unverfälschte »Urreligion«, korrigiert und abgelöst. Dieses Überlegenheitsgefühl der islamischen Theologie allen anderen Religionen gegenüber führt dazu, dass alle nicht im Koran erwähnten, vor allem nach-koranischen Religionen als Unglaube und Götzendienst gelten, während die im Koran erwähnten Juden und Christen »Schriftbesitzer« sind. Sie sind zwar nicht vollständig »Ungläubige« und keine Heiden; aber sie stehen im Ruf, den berechtigten Sendungsanspruch Muhammads willentlich abzulehnen und quasi wider besseres Wissen an einer minderwertigen Religion festzuhalten, die sich des Vorwurfs der »Vielgötterei« und damit der schwersten Sünde überhaupt schuldig macht.

Diese Auffassungen aus Koran und Überlieferung, die sich in zahlreichen theologischen Abhandlungen einflussreicher

Gelehrter von der Frühzeit bis zur Moderne wiederfinden, beeinflussen bis heute die Stellung der jüdischen und christlichen Minderheiten in islamisch geprägten Gesellschaften. Das bedeutet, dass Juden und Christen bis heute in der Regel Existenzrecht besitzen, aber religiös und rechtlich nicht als »Gleichwertige« gelten, sondern Bürger zweiter Klasse sind. Keinerlei Rechtsstatus besitzen dagegen nach-koranische, also nicht-anerkannte Minderheiten (wie etwa die Religionsgemeinschaft der Bahai in Ägypten) oder aber Konvertiten vom Islam zu einer anderen Religion. Eine freie Religionsausübung und gleichberechtigte Stellung von Muslimen, Juden, Christen, Bahai, Buddhisten und eventuell anderweitigen religiösen Gruppierungen existieren derzeit in keinem islamisch geprägten Land, das sich auf das Schariarecht als Rechtsquelle beruft.

Juden und Christen wurden aufgrund ihrer Teil-Anerkennung nach Muhammads Tod in den islamisch eroberten Gebieten zu »Schutzbefohlenen« (arab.: dhimmi), die in der Regel nicht vor die Wahl Konversion oder Tod gestellt wurden. Sie durften ihre Religionszugehörigkeit behalten, blieben jedoch stets Unterworfene. Sie waren Bürger zweiter Klasse, weil sie Sondersteuern entrichten mussten und rechtlich benachteiligt wurden. Die früh- und mittelalterliche islamische Rechtsliteratur benennt zahlreiche Regelungen, die Juden und Christen verpflichteten, zum Beispiel durch ihre Kleidung, in der Öffentlichkeit für jedermann erkennbar zu sein, nur Esel statt Pferden zu reiten, Muslimen stets auszuweichen, ihre Häuser nicht höher als die der Muslime zu bauen und anderes mehr. Das waren Bestimmungen, die sie demütigten, einschränkten und sie ihren benachteiligten Status täglich spüren ließen. Dabei besteht heute in der Forschung weitgehend Einigkeit darüber, dass gerade die Stellung der Juden in den islamisch-mittelalterlichen Gesellschaften prinzipiell rechtlich besser abgesichert war, als dies zur selben Zeit für Juden in europäischen Gesellschaften der Fall war, obwohl wir auch in islamisch geprägten Gesellschaften Beispiele der Verletzung dieses rechtlich definierten Status kennen. Zu manchen Zeiten konnten Juden und Christen in Diensten eines Herrschers aufsteigen und einflussreiche Posten bekleiden, zu anderen gab es Pogrome und Ausschreitungen gegen sie. Eine grundsätzliche Absage an ihren minderrechtlichen Status aus der Mitte der etablierten Theologie hat es bis heute nicht gegeben, weil deren Vertreter bisher keine Loslösung von den schariarechtlichen Interpretationsmustern des Frühislam und vom Vorbild Muhammads erlauben. Das spiegelt sich in der benachteiligten Stellung der Minderheiten in islamisch geprägten Gesellschaften bis heute wider.

Minderheiten in islamisch geprägten Gesellschaften heute

Der Rahmen, der die rechtliche Stellung von Minderheiten in islamisch geprägten Gesellschaften definiert, orientiert sich bis heute an den Vorgaben des Schariarechts. Es gründet auf dem Koran, der Überlieferung (arabisch: hadith) und auf der Rechtsentwicklung der frühislamischen Zeit bis zum 10. Jahrhundert. Bis zu diesem Zeitpunkt gilt das Schariarecht der breiten Mehrheit der etablierten islamischen Theologen als abschließend formuliert und wird in Rechtskompendien niedergelegt, die bis heute als verbindlich betrachtet werden. In der etablierten Theologie der Hochschulen und Moscheen wird dieses Schariarecht überall als gottgegebenes, vollkommenes und in seinen Bestimmungen unveränderliches, wenn auch in seiner Anwendung auslegbares Recht gelehrt. Das Schariarecht kommt einerseits in großen Teilen der islamisch geprägten Länder nur teilweise zur Anwendung, vor allem im Zivilrecht, also dem Erb-, Ehe- und Familienrecht. Das Strafrecht der Scharia dagegen gilt in den meisten Ländern nicht. Doch andererseits wird sein theoretischer Anspruch ungebrochen aufrechterhalten und wirkt sich auf die rechtliche und gesellschaftliche Position von Minderheiten aus. Daher ist es unmöglich, dass in einem Staat, der sich auf das Schariarecht als Rechtsquelle beruft, Juden und Christen gleiche Rechte wie Muslime genießen. Es gibt auch Länder, in denen die Scharia im Zivil- und Strafrecht zur Anwendung kommt (wie etwa im Iran), in anderen wird sie teilweise angewandt (vor allem im Zivilrecht, wie etwa in Ägypten) und in wieder anderen besitzt sie gar keine Gültigkeit (wie in der Türkei). Echte Wahlfreiheit in Religionsangelegenheiten existiert in arabischen Ländern jedoch nirgends.

Im Zuge der gegenwärtigen Entwicklungen – der sogenannten Arabischen Revolution – geraten religiöse Minderheiten einschließlich der Konvertiten in Nordafrika und dem Nahen Osten immer stärker zwischen die Fronten von Säkularisten und vor allem Islamisten, die sich zum Teil bereits für eine weitere rechtliche Benachteiligung der Minderheiten ausgesprochen haben. Litten sie in den vergangenen Jahrzehnten bereits unter rechtlichen Einschränkungen verschiedener Art, war doch ihr Status als Minderheit zumindest in gewissem Umfang »gesichert«, insofern es sich um anerkannte, angestammte christliche Minderheiten wie die Mitglieder katholischer, orthodoxer oder protestantischer Kirchen handelte. Die bisherigen Regierungen der arabischen Länder verursachten ihrerseits kaum eine aktive Verfolgung religiöser Minderheiten und Sondergruppen, wenn sie auch Übergriffen gegen Minderheiten oft zu wenig entgegensetzten, Angreifer nicht konsequent verfolgten, Minderheiten rechtlich benachteiligten und ihre gesellschaftliche Diskriminierung nicht beseitigten. Es ist zu befürchten, dass sich dies unter islamistisch geprägten Regierungen grundlegend ändern könnte. Ausnahmen von dieser »Duldungspolitik« bilden schon jetzt vor allem der Iran und Saudi-Arabien.

Wo in arabischen Ländern die Scharia im Zivilrecht Gültigkeit besitzt, sind etwa Ehen von muslimischen Frauen mit christlichen oder jüdischen Männern grundsätzlich untersagt. Dort darf jemand, der in eine muslimische Familie hineingeboren wurde, den Islam nicht verlassen und sein Glaubensbekenntnis ändern. Seine Registrierung im muslimischen Personenstandsregister kann unter keinen Umständen gelöscht werden. In einem Land mit einem von der Scharia geprägten Zivilrecht kann ein Nicht-Muslim keinen muslimischen Verwandten beerben. Dort kann ein Konvertit zum Christentum per Gericht zwangsgeschieden werden, seine Kinder können ihm entzogen und einer muslimischen Familie übergeben werden. Nach dem selben Recht wird ein 17-jähriger junger Mann automatisch Muslim, wenn sein christlicher Vater zum Islam konvertiert. Er muss ab diesem Zeitpunkt den islamischen Religionsunterricht besuchen und darf nur noch eine islamische Ehe schließen. Ein muslimischer Mann darf – außer bisher in Tunesien und der Türkei – grundsätzlich eine Mehrehe schließen und kann daran rechtlich von niemandem gehindert werden. Eine Frau erbt grundsätzlich nur die Hälfte eines »männlichen« Erbteils und ist laut Schariarecht in ihren Scheidungsmöglichkeiten stark eingeschränkt.

5. Warum sind Verbesserungen der Menschenrechtslage so schwierig?

Warum aber scheint es in islamisch geprägten Ländern so schwierig zu sein, eindeutige Verbesserungen der Menschenrechtslage herbeizuführen, während sich doch die Mehrheit der Menschen größere Freiheiten wünscht? Es sind nicht nur politische Fehlentwicklungen, die wirtschaftliche Unterentwicklung, die hohe Analphabetenrate oder ganz allgemein die weithin fehlende Zivilgesellschaft, die für eine erfolgreiche politische Partizipation Voraussetzung wäre. So sehr wirtschaftliche, gesellschaftliche und politische Fehlentwicklungen eine Rolle spielen, bleibt doch unübersehbar, dass eine der Problematiken in diesem Zusammenhang die Verengung der Menschenrechte auf den Rahmen der Scharia bleibt, dem von den Kanzeln der Universitäten und Moscheen weitestgehend unkritisch verkündeten, ewig gültigen Gottesgesetz. Die Scharia wird durch ihre traditionelle, ahistorische Auslegung an den Universitäten und Moscheen jeglicher Kritik enthoben und als einzig normgebend für das diesseitige Leben und damit auch für die Definition von Menschenrechten betrachtet. Solange das so bleibt, können sich liberale oder säkulare Begründungen für die Gewährung umfangreicherer Menschenrechte nur an den einflusslosen Rändern der Gesellschaft und nicht selten unter Gefahren für ihre Kritiker etablieren: »*Einige muslimische Reformtheologen sehen durchaus die Chance, mit Menschenrechtsstandards bestimmte Traditionen zu überwinden … Doch ist ihr politischer Einfluss vergleichsweise gering.*«[30] Wenn etwa die Demokratie nur dann denkbar scheint, wenn sie bereits im Koran bei Muhammad und seinen Weggefährten entdeckt werden kann, dann ist eine säkulare Begründung für die Demokratie eben kaum denkbar, selbst wenn eine wie auch immer geartete Mehrheit diese Urform der Demokratie bei Muhammad nicht entdecken könnte.

Auch wenn das Schariarecht in arabischen Ländern größtenteils nur im Zivilrecht zur Anwendung kommt, ist die praktische Bedeutung der Scharia nicht zu unterschätzen. Im Alltag sind ihre Normen durch Moscheepredigten, durch die bei Heiraten, Trauerfeierlichkeiten und ähnlichen Anlässen zitierten Überlieferungstexte, durch Traditionen und das dadurch geprägte Rechtsempfinden in vielen Bereichen präsent: »*Viele arabische Länder … [sind] in einem schwer nachvollziehbaren Ausmaße vom tradierten Schariatsrecht durchdrungen …, sodass sich für die ihm unterworfenen Muslime alle Handlungen und Lebensäußerungen in erster Linie als in sich abgestufte Formen der Erlaubt- oder Verworfenheit bei und vor Gott darstellen. Es ist das religiöse Recht der Scharia, das die kollektiven und individuellen Überzeugungen und Verhaltenserwartungen in einem für den analytischen Zugriff des westlichen Wissenschaftlers nur schwer rekonstruierbaren Maße steuert und nicht* etwa ein abgekoppelt davon fassbarer Bereich von Normen des Rechts und der Moral oder einer bloß ›vernünftigen‹ Ethik, wie dies für die mehr oder weniger positivistischen Rechtsordnungen im kontinentaleuropäischen Bereich mit ihrer Trennung von Religion und Recht, Politik und Moral charakteristisch ist.«[31]

Stärker als der Einfluss der Scharia auf die Gesetzgebung ist ihre gesellschaftliche Prägekraft dadurch, dass ein Großteil der Bevölkerung weder die Fehlerlosigkeit des Korantextes in Zweifel ziehen würde noch die grundsätzliche Beurteilung des Schariarechts als unaufgebbare göttliche Norm und damit ihre Berechtigung zur Lebensgestaltung – zumindest in der Theorie. Scharianormen werden über die Koranschule, die Moscheepredigt, die Berichte der Überlieferung, über Fatwas (Rechtsgutachten) und Predigten, über Literatur und Internet, über Diskussions- und Gelehrtenzirkel vermittelt und schaffen ein allgemeines Rechtsbewusstsein, das zumindest emotional stärker an den Scharianormen ausgerichtet ist, als es die offizielle Theologie der Universitäten oder eine gemäßigte Ausrichtung eines bestimmten Landes zunächst vermuten lassen würde. Und in diesem allgemeinen Bewusstsein sind Scharianormen bis heute nicht grundsätzlich verhandelbar, sondern allenfalls Auslegungssache.

6. Voraussetzungen für die Entstehung »islamischer Demokratien«

Es ist wohl nicht zu erwarten, dass sich eine grundlegende und umfassende Verbesserung der Menschenrechtssituation und die Entwicklung echter, stabiler Demokratien in islamisch geprägten Ländern ergeben, solange der theoretische Anspruch des Schariarechts nicht vonseiten der offiziellen Vertreter der islamischen Theologie zur Disposition gestellt wird. Oder wie es Bassam Tibi formuliert: »Das bedeutet, dass es ohne eine

*radikale Religions- und Rechtsreform im Islam, für die auf-
geklärte Muslime wie etwa der sudanesische Jurist Abdullahi
An-Na'im eintreten, keine Synthese von Islam und Menschenrechten geben wird.«*[32] Den vollen theoretischen Anspruch der
Scharia und die einflussreichen konservativ bis politischen
Interpretationen unangetastet zu lassen, bedeutet aber, den
Schariakritikern weiterhin das Exil oder die Anonymität zu-
zuweisen. Bleiben die Scharianormen in ihrem Anspruch im
Wesentlichen unangetastet, wird der Interpretationsrahmen
für erweiterte Menschenrechte naturgemäß sehr eingegrenzt
und die praktische Erweiterung der Menschenrechte de facto
äußert schwierig bleiben. Solange eine möglichst getreue
Nachahmung der arabischen Gesellschaft des 7. Jahrhunderts
n. Chr. von theologisch oder sogar politisch einflussreicher
Stelle als gleichbedeutend betrachtet wird mit Gerechtigkeit,
Fortschritt und wahrer Zivilisation, so lange ist eine kritische
Auseinandersetzung mit den Ansprüchen des Schariarechts
wohl kaum zu erwarten. *»Von diesem religiösen Standpunkt aus
erscheint die Moderne als Verlust und Rückfall, da sie die eigentlichen Ursprünge und deren Prämissen hinter sich lässt.«*[33] Es
bleibt zu hoffen, dass sich auch die offizielle Theologie einer
historisch-kritischen Betrachtung der Scharia in absehbarer
Zeit öffnen wird.

Grundlegende Voraussetzung für die Entstehung echter Demokratien in islamisch geprägten Gesellschaften wäre daher
eine Beschränkung des Islam auf den Bereich der rituellen
Religionsausübung und persönlichen Moral mit einer gleich-
zeitigen Absage an die Scharia als prägende Komponente des
Rechtssystems sowie der Politik und Gesellschaftsordnung,
insbesondere in Bezug auf Frauen-, Menschen-, Minderheiten-,
Religions- und Freiheitsrechte. Demokratie bedeutet nicht nur,
Wahlen abzuhalten. Wahlen, wenn auch Scheinwahlen, gab es
in den meisten arabischen Ländern auch schon bisher. Sondern
Demokratie meint auch die Verantwortung des Individuums,
Rechtsstaatlichkeit, unabhängige Gerichte, Rechts- und Chan-

cengleichheit, Toleranz gegen Andersdenkende, Meinungs- und Religionsfreiheit sowie das Recht, sich offen als Atheist bekennen zu dürfen. Wenn diese Rechte positiv in islamisch geprägten Gesellschaften begründet und Mehrheiten für die Befürwortung dieser Rechte gefunden werden sollen, wird das nur über eine Reform der Theologie möglich sein. Aber noch herrscht bei institutionell etablierten Theologen die Auffassung vor, dass der Islam nicht nur eine Religion, sondern auch eine politisch-gesellschaftliche Ordnung ist.

III. Positionen muslimischer Intellektueller zur Demokratie heute

Heute finden sich unter muslimischen Theologen und Intellektuellen im Wesentlichen drei Positionen zur Demokratie:

1. Eine gänzlich ablehnende Haltung.
2. Eine vordergründig zustimmende Positionierung, die jedoch de facto Teile der Demokratie durch islamische Prinzipien ersetzt bzw. die Demokratie an den Maßstäben des islamischen Rechts misst.
3. Eine vollends befürwortende Position, die sich allerdings bis heute auf Intellektuelle, Theologen, Philosophen, Journalisten und Regimekritiker beschränkt, die in islamisch geprägten Ländern weder an den Lehrstühlen der Universitäten noch in den großen Lehrstätten und Moscheen unterrichten und teilweise, aus Sorge um ihr Leben und Wohlergehen, in westliche Länder geflüchtet sind.

1. Ablehnung der Demokratie

Eindeutig ablehnende Stimmen zur Demokratie kommen heute vor allem aus dem Bereich des Islamismus. Dort wird nicht nur Kritik an der Demokratie vorgebracht, sondern es werden gleichzeitig Alternativen für einen vollständig dem Schariarecht unterstellten Staat entworfen.

Abu l-A'la Maududi

Einer der prominentesten muslimischen Theologen, die die Demokratie grundsätzlich ablehnen, war Abu l-A'la Maududi

(1903–1979), Intellektueller, Ideologe, Buchautor von über 130 eigenen Werken, Verfasser eines einflussreichen Korankommentars, politischer Aktivist und Berater mehrerer pakistanischer Regierungen. Mit seinen Schriften über die »Theo-Demokratie« und die »Herrschaft Gottes« nahm er maßgeblich Einfluss auf die wichtigsten Führer des arabischen und iranischen Islamismus wie Sayyid Qutb oder Ruhollah Khomeini. Maududi gilt als der prominenteste Vordenker eines islamisch begründeten Staatswesens, das allein auf der Herrschaft Gottes beruht und jegliche von Menschen verantwortete Staatslenkung verwirft. Zu seinen wichtigsten Gedanken, die er zur Begründung dieses islamischen Staatswesens formulierte, gehört die unbedingte Betonung der Souveränität und Herrschaft Gottes (arabisch: hakimiyat Allah), für Maududi die einzig rechtmäßige Herrschaft überhaupt und jeder Herrschaft auf Erden übergeordnet. Sie verpflichtet jede Regierung, als Gottes Stellvertreter zu handeln, alle bestehenden Gesetze in Übereinstimmung mit Schariarecht zu bringen, jedwede anderen Gesetze abzuschaffen und die Rechtsprechung ausschließlich auf Schariarecht zu gründen. Idealerweise würden sich die Menschen die Einführung der Schariagesetzgebung wünschen, so Maududi; zur Not müsse als letztes Mittel Zwang angewendet werden. Diese Herrschaft Gottes, die dort entsteht, wo die Machthabenden das Gesetz Gottes umsetzen, also das Schariarecht zur Anwendung bringen, hat der Mensch aus Maududis Sicht irrigerweise aufgegeben und stattdessen andere Herrscher, wie zum Beispiel Könige, an Gottes Stelle gesetzt. Solche Herrscher sind Usurpatoren, ihre Herrschaft unrechtmäßig und die Anerkennung ihrer Herrschaft Vielgötterei (also Abfall vom Islam).

Den Islam versteht Maududi als ganzheitliches System, das den Menschen auf den Weg des Glaubens, auf den Weg einer friedlichen Gesellschaftsordnung sowie auf den Pfad der gerechten staatlichen Gesetzgebung leitet. Diese Gesetzgebung ist der Scharia zu entnehmen, sodass durch ihre vollständige

Umsetzung von selbst ein allen anderen Systemen überlegenes Gemeinwesen entsteht.[34] Umgesetzt wird dieser ganzheitliche Islam mithilfe einer Avantgarde wahrhaft gläubiger Muslime, an deren Spitze ein männliches, muslimisches, erwachsenes, geistig gesundes Mitglied der islamischen Gemeinschaft als Führer (arabisch: amir) steht, der Staatslenker. Er und sein Beratergremium werden »gewählt«, daher handelt es sich bei diesem Staatsmodell nach Maududis Auffassung letztlich um ein demokratisches System, das jedoch nicht menschliche Ordnungen, sondern Gottes Gesetz zur Anwendung bringt. Daher nennt Maududi seine Staatsform »Theo-Demokratie« oder »demokratisches Kalifat«, da die Führungsspitze von besonders ausgewählten Getreuen gewählt wird und durch das Volk den Auftrag erhält, den Staat von Grund auf zu islamisieren. Gott – nicht das Volk wie in westlichen Demokratien, die aus Maududis Sicht Tyrannei und Despotismus bedeuten – besitzt in diesem Staat die höchste Souveränität. Weil dieser Staat ein ideologischer Staat ist, haben nur diejenigen das Recht zur Mitbestimmung, die diese Ideologie teilen. Ein Konsultationsrat, dem weder Frauen noch Nicht-Muslime angehören dürfen, berät den Staatslenker, der bei Abweichung vom Schariarecht theoretisch gestürzt werden kann. Er soll sich durch Frömmigkeit und guten Lebenswandel auszeichnen, allerdings bleibt Maududi in seinen Schriften stets vage, was das konkret bedeutet. Alle Menschen sind in diesem System ohne Ausnahme »Vizeregenten«, also Stellvertreter oder Kalifen Gottes,[35] die die Avantgarde der Elite wählen und sich nur in ihrem Charakter oder ihren Fähigkeiten voneinander unterscheiden, sonst aber vor Gott völlig gleich sind. Aufgrund ihrer eigenen vollständigen Umsetzung des Islam und Unterwerfung unter Gott stellen sie sicher, dass die besten Stellvertreter gewählt werden.

Eine solche Gesellschaft ist in Maududis Augen die Verwirklichung der idealen Gemeinschaft, in der weder Ungerechtigkeit noch Unterdrückung, weder Hass noch Gier existieren, denn durch seine Ergebenheit Gott gegenüber überwindet der Mensch seine Arroganz und hält seinen Egoismus unter Kontrolle. Durch seine absolute Loyalität in der Gefolgschaft Gottes wird er gegenüber allen anderen Abhängigkeiten vollkommen frei und bildet eine »Gemeinschaft der Mitte«. Gesetze werden in diesem Staat nicht von Menschen gemacht, da Gott bereits sein vollkommenes Gesetz, die Scharia, den Menschen gegeben hat. Die Scharia wird lediglich interpretiert und durch Analogie (durch Rückschluss auf parallele Fälle des Frühislam) zur Anwendung gebracht. Parteien sind in diesem System unnötig, da die Ausrichtung der Politik bereits durch das Gesetz Gottes vorgegeben ist. Staaten, die dieses System nicht umsetzen, befinden sich nach Maududis Auffassung auf dem Weg in die Gottlosigkeit.

Gar keine Überlegungen stellt Maududi hinsichtlich der Frage an, wie einer Missinterpretation des Gottesgesetzes durch den obersten Machthaber und seine Ratgeber zu begegnen sei beziehungsweise wie die korrekte Auslegung und Anwendung der Scharia im gesellschaftlich-politischen Rahmen festzulegen sei; Maududi geht davon aus, dass die persönliche Integrität, der Glaube und die Moral, die Gottesfurcht und die vollständige Loyalität Gott und seinem Gesetz gegenüber eigenmächtiges oder irregeleitetes Handeln automatisch verhindern. Weiterhin nimmt er an, dass sich in einem solchen Staat unter der Ordnung der Scharia Frieden und Einigkeit von selbst einstellen, denn die Zugehörigkeit der Menschen zum (wahren) Islam, ihr Gehorsam und ihre Unterwerfung brächten alle Differenzen und Unterschiede zum Verschwinden: Islam ist Politik, Politik ist Umsetzung von Ethik und Moral,[36] Staatsbürgerschaft ist Zugehörigkeit zur Gemeinschaft der Muslime (Umma). Maududi proklamiert damit, dass Frömmigkeit das Heilmittel für alle gesellschaftlichen Probleme sei; mit einer vollständigen Umsetzung des Islam kämen sie zum Erliegen.

Sayyid Qutb

In ähnlicher Weise hat sich der von Maududi beeinflusste Sayyid Qutb (1906–1966), der Spiritus Rector der ägyptischen Muslimbruderschaft, in seiner programmatischen Schrift »Zeichen auf dem Weg« geäußert, die eine der einflussreichsten Veröffentlichungen des politischen Islam überhaupt ist. Qutb wünscht sich die »*Errichtung der Herrschaft Allahs auf Erden, die Abschaffung der Herrschaft des Menschen, ... das Herbeiführen der Geltendmachung des göttlichen Gesetzes (shari'a) und die Abschaffung der von Menschen gemachten Gesetze*«.[37] Denn es befindet sich seiner Einschätzung nach die »*Menschheit ... heute am Rande eines Abgrundes, nicht aufgrund der Gefahr ihrer völligen Vernichtung, die über ihrem Haupt schwebt. Dies ist nur ein Symptom und nicht die wahre Krankheit. Der wahre Grund, warum die Menschheit in diese Situation gelangt ist, ist die Abwesenheit der lebenswichtigen Werte, die notwendig sind, um ein gesundes Lebenssystem zu gründen und es weiterzuentwickeln.*«[38] Daher dürften Muslime nach Qutbs Auffassung nur die Scharia, die er als Allheilmittel gegen jegliche Zivilisationskrankheit betrachtet, als Gesetz akzeptieren, nichts anderes: »*Die Basis dieser Botschaft ist, dass man die Shari'a ohne irgendeine Frage akzeptiert und alle anderen Gesetze in jeglicher Form ablehnt. Dies ist Islam und es gibt keine andere Bedeutung als diese.*«[39]

Auch heute existieren manche Stimmen, vor allem im Internet, die Muslimen in westlichen Gesellschaften verbieten, zu wählen oder die Demokratie anzuerkennen, denn aus diesem Blickwinkel ist die »*Demokratie ... ein menschengemachtes System, das dafür steht, dass Menschen über Menschen regieren. Deshalb widerspricht es dem Islam, denn die Herrschaft gehört Allah, dem Höchsten, dem Allmächtigen, und es ist nicht erlaubt, Menschen gesetzgebende Gewalt zu verleihen, ganz egal, um wen es sich dabei handelt.*«[40]

Diejenigen, die die Demokratie nicht frontal ablehnen, sondern für den Islam vereinnahmen und sie damit letztlich islamisieren, möchten sie im Grunde nicht akzeptieren, sondern temporär für ihre Zwecke nutzen, mit dem Ziel, sie langfristig umgestalten zu können. Vordergründig wird die Demokratie heute von vielen Vertretern des politischen Islam (des Islamismus) bejaht; sie sprechen sich heute in aller Regel dafür aus, die Demokratie »anzuerkennen«. Solange sie jedoch der prinzipiellen Gültigkeit der schariadefinierten, eingeschränkten Frauen- und Minderheitenrechte, der begrenzten Religionsfreiheit und der prinzipiellen Berechtigung des islamischen Strafrechtes inklusive der Körperstrafen keine grundsätzliche Absage erteilen, ist die Behauptung einer generellen »Vereinbarkeit« zwischen Demokratie und Scharia mit Vorsicht zu betrachten.

Yusuf al-Qaradawi

Yusuf al-Qaradawi ist ein islamischer Theologe, der 1926 in Ägypten geboren wurde und seit über 50 Jahren im Exil in Qatar lebt. Er ist heute wohl der berühmteste islamische Theologe und als Meinungsführer überaus einflussreich. Er veröffentlichte rund 120 Bücher, zahllose Fatwas (Rechtsgutachten), Artikel und Predigten und ist Vorsitzender mehrerer Dachorganisationen muslimischer Gelehrter in Europa. Regelmäßig tritt er in Fernsehsendungen des qatarischen Senders al-Jazeera auf. Er gilt heute als einer der wichtigsten Vertreter des islamischen »Minderheitenrechts«, das sich der Demokratie bedienen, sie aber nicht anerkennen möchte. So möchte al-Qaradawi nur die Vorteile der Demokratie nutzen, etwa zur freien Propagierung des Islam. Al-Qaradawi plädiert als Vertreter des islamischen »Minderheitenrechts« dafür, dass Muslime sich in einer Minderheitssituation wie in Europa zeitweise an das in der Diaspora geltende Recht anpassen dürfen oder sogar sollen und für die Zeit des Übergangs, bis dort die Scharia in vollem Umfang eingeführt ist, vorübergehend nicht alle Gebote des Islam beachten müssen. Diese Rechtskonzeption, die bereits zu Beginn der 1990er-Jahre von islamischen Theologen auf internationalen Konferenzen diskutiert wurde,[41] basiert auf zwei Grundannahmen:

1. Der Islam ist eine globale Religion, die den dauerhaften Verbleib in der »Diaspora« rechtfertigt.
2. Die Suche nach praktikablen Lösungen gemäß den Absichten des islamischen Gesetzes ist gerechtfertigt.

Aufgrund dessen ist es erlaubt, das Schariarecht den Erfordernissen des Lebens entsprechend in nicht-islamischen Gesellschaften auszulegen und sich in Einzelfällen, in denen die Umsetzung des Schariarechts derzeit nicht möglich ist, Erleichterungen zu erlauben. Auf diese Weise soll es Muslimen in nicht-islamischen Ländern möglich werden, alternative Lösungen zu wählen, die für die Diaspora am besten passen, wenn ihnen die strenge Befolgung des Schariarechts in manchen Punkten durch die Gesetze dieser Länder unmöglich gemacht wird. Nach al-Qaradawi gehört zu den Voraussetzungen dieser Konzeption, dass sich die muslimische Minderheit ihrer besonderen Identität bewusst wird und es als ihre Aufgabe erkennt, die nicht-islamische Gesellschaft in eine islamische umzugestalten. Daher dürfen Muslime aus al-Qaradawis Sicht in der Diaspora die Scharia, das Gottesgesetz, wie es sich in seinen Augen darstellt, niemals grundsätzlich aufgeben; vielmehr sollen sie in den Geboten des Islam unterwiesen werden, durch eine besonders gute Ausbildung zur Elite in ihren Gesellschaften heranwachsen und durch ihr Vorbild und ihre Verkündigung des Islam (arabisch: da'wa) eine Durchdringung der Gesellschaft mit der Scharia anstreben.[42]

Das Ziel eines derartigen Minderheitenrechts ist nicht die Integration der muslimischen Migranten in die europäischen

Gesellschaften; vielmehr verpflichtet es im umgekehrten Sinne Muslime dazu, die als Minderheit in europäischen Gesellschaften leben und al-Qaradawis Sendungen, Fatwas und Verlautbarungen im Internet und Fernsehen abrufen, in Europa die dauerhaft anderen zu sein. Sie sollen den europäischen Rechtsstaat zwar vorübergehend akzeptieren, aber letztlich nicht anerkennen, sondern sich durch Ausbildung und völlige Umsetzung des Islam auf die kommende Zeit vorbereiten, in der sich die Situation so geändert haben werde, dass die gebildete und im ganzheitlichen Islam ausgebildete Avantgarde der muslimischen Gemeinschaft die Führerschaft übernehmen könne.

Es überrascht daher nicht, dass al-Qaradawi, der für eine volle Anwendung der Schariagesetzgebung einschließlich der Anwendung der Körperstrafen votiert, auch die Todesstrafe für den sich offen bekennenden Konvertiten oder Religionslosen proklamiert, Ehemännern die Züchtigung ihrer ungehorsamen Ehefrauen empfiehlt, zu Selbstmordattentaten in Israel aufruft und keine Gleichheitsrechte für Frauen und Nicht-Muslime vorsieht. An vielen Stellen, an denen er seine Verlautbarungen in englischer Sprache veröffentlicht, vertritt er diese Standpunkte nicht plakativ, sondern besänftigt und beschönigt eher, während seine (in Europa von Nicht-Muslimen kaum gelesenen) arabisch abgefassten Schriften die genannten Punkte viel deutlicher benennen.[43]

Was die Wirkung solcher prominenter Meinungsführer betrifft, sollte man sich keine Illusionen machen: Nie war sie größer als heute in Zeiten des Internets. Wenn mehrere, über viele Jahre unabhängig voneinander erhobene Studien ergeben, dass zwischen 45 und 49 Prozent aller Muslime in Deutschland heute zwischen Islam und Demokratie einen Gegensatz erkennen, beziehungsweise dass »*die Befolgung der Gebote meiner Religion ... für mich wichtiger [ist] als Demokratie*«,[44] dann ist das auch auf den Einfluss solcher warnenden Stimmen zurückzuführen, sich nicht auf die westlichen Gesellschaften einzulassen, weil dies »unislamisch« sei.

Aber wie kommt es zu dieser hohen Zahl von fast 50 Prozent? Diese Muslime sind nicht zu den Extremisten oder sogar zu den Terroristen zu rechnen, aber sie sind von islamistischen Meinungsführern wie al-Qaradawi beeinflusst: Ihnen wird von den traditionsverhafteten, teilweise islamistisch ausgerichteten Gelehrten vermittelt, sie müssten sich zwischen dem ganzheitlich umgesetzten Glauben und dem Lager des Feindes entscheiden. Wenn sie einen gemäßigteren Islam vertreten und die Demokratie und ihre Freiheitsrechte bejahen, werden sie von Gelehrten wie al-Qaradawi als Verräter am Islam verurteilt. Al-Qaradawi islamisiert damit die westlichen Demokratien, indem er der muslimischen Minderheit autoritativ darlegt, welche Elemente der Demokratie sie abzulehnen hat und welche sie akzeptieren kann. Vom Herrschaftsanspruch der Scharia trennt er sich zu keinem Zeitpunkt, sie bleibt für ihn eine unaufgebbare Größe in Europa wie im Nahen Osten. Dabei ist al-Qaradawi weder Jihadist noch extremer Außenseiter, sondern ein an der berühmten al-Azhar-Universität in Kairo traditionell ausgebildeter Theologe. Er tritt in seinen Fernsehsendungen, im Internet und in seinen Veröffentlichungen mit dem Habitus, der Sprache und der typischen Kleidung des Gelehrten auf und gilt heute als *die* Autorität des sunnitischen Islam. Dabei stellt er seine Zuhörer, Leser und Zuschauer beständig vor die Wahl, sich für die Praktizierung der ganzen Scharia einzusetzen oder aber den Islam verraten zu haben. Diese Botschaft führt Menschen, die ihr folgen, im besten Fall in eine Parallelgesellschaft hinein, im schlimmsten Fall in die Radikalität, die das Leben in einer westlichen Gesellschaft völlig ablehnt und diese verurteilt.

Murad Hofmann

Auch wenn der deutsche Jurist und ehemalige Diplomat Murad Hofmann, der zum Islam konvertierte, darlegt, »*dass es sich beim Grundanliegen der Demokratie, nämlich der Sicherstellung geordneter, systematischer Kontrolle der Regierungen zur*

Verhinderung von Willkür jeder Art, um ein im Kern islamisches Anliegen handelt«[45], hat er das Grundanliegen der Demokratie verzerrt und in den Dienst des Islam gestellt. Gleichzeitig verteidigt er klassisch-islamistische Positionen, wie etwa die Todesstrafe für Abtrünnige vom Islam, die dem Islam *»durch Verweigerung der geschuldeten Steuern schadeten oder auf Erden Unheil stifteten«*[46], als rechtmäßig und nicht dem Menschenrechtsgedanken entgegenstehend. Die Gesetzgebung, so Hofmann, müsse sich in einem durch ein islamisches Staatsoberhaupt regierten Staat, in dem selbstverständlich die Scharia zu gelten habe, auch an ihr orientieren[47] und auch Muhammads politisches Vorbild gutheißen.

So mögen Führungsfiguren der muslimischen Gemeinschaft Begriffe wie »Demokratie« zwar für vollkommen mit dem Islam kompatibel erklären, doch erschaffen sie damit letztlich eine islamische Form der Demokratie. Letztlich geht es bei allen Überlegungen der Vereinbarkeit von Islam und Demokratie immer wieder um die Frage, ob Gott die Quelle aller Gesetzgebung ist oder der Mensch. Darf der Mensch Gesetze erlassen, die im Zweifelsfall den klassischen Schariainterpretationen entgegenstehen, oder muss das islamische Rechtswesen auch im gesellschaftlichen und politischen Bereich umgesetzt werden?

3. Bejahung der Demokratie

Unter muslimischen Intellektuellen und Theologen haben sich vor allem in den vergangenen zwei Jahrzehnten manche Stimmen erhoben, die von der üblichen Argumentationsweise klassischer Theologen abweichen. Mithilfe unterschiedlicher Methoden der Textinterpretation entnahmen sie dem Koran und der Überlieferung Begründungen für erweiterte Menschen-, Frauen- und Freiheitsrechte, ohne dem Wahrheitsanspruch des

Koran konfrontativ entgegenzutreten. Besonders in Ägypten und im Iran traten Reformer hervor, die alternative Deutungs- und Entschärfungskonzepte für die Aussagen aus Koran, Überlieferung und Scharia entwarfen, die Frauen und Minderheiten diskriminieren. Sie lehnten grundsätzlich die Körperstrafen und die Todesstrafe für den Glaubensabfall ab, beziehungsweise argumentierten, dass deren Anwendung heute nicht mehr verpflichtend sei.

Mahmud Muhammad Taha

Einer der prominentesten Vertreter dafür dürfte der Gründer der Republikanischen Bruderschaft, der Politiker und Reformgelehrte Mahmud Muhammad Taha (geb. 1909 oder 1911), sein. Aus seiner Sicht war der Islam mit Frieden, Gleichberechtigung von Mann und Frau, Demokratie und Freiheit geradezu gleichzusetzen. Der Schlüssel für eine solche Interpretation des Islam lag für ihn darin, nur den mekkanischen (unpolitischen) Frühislam der Jahre 610–622 n. Chr., nicht aber die medinensische (politische) zweite Lebensepoche Muhammads (622–632 n. Chr.) als normativ gelten zu lassen. Der medinensische Islam sei eine Art »säkularer Humanismus«[48], den er auch als »Zweite Botschaft des Islam« bezeichnete.[49] Dies war selbstverständlich ein frontaler Angriff auf die Verfechter des klassischen Schariastandpunktes; daher wurde Taha nach einigem machtpolitischen Tauziehen im Januar 1985 kurz vor der Absetzung des damaligen sudanesischen Präsidenten Jafar Muhammad an-Numeiri trotz seines hohen Alters von rund 75 Jahren öffentlich hingerichtet, was eine bis heute spürbare negative Signalwirkung auf kritische Reformdiskussionen innerhalb der islamischen Theologie hat.

Mohammad Shabestari

Ein weiterer Vordenker in Sachen Menschen- und Freiheitsrechten ist der iranische Theologe, Philosoph, Reformer und Verfechter von Demokratie, Menschenrechten, Gleichberechtigung der Religionen und Meinungsfreiheit, Mohammad Shabestari (geb. 1936). Er betrachtet Menschenrechte und Demokratie grundsätzlich als von Menschen ersonnene Größen, über die der Koran gar keine Aussagen mache. Daher widersprächen weder Demokratie noch Menschenrechte dem Islam. Im Gegenteil, beide sind für Shabestari mit dem Islam kompatibel, denn sie seien Produkte der Vernunft und entsprächen dem, was der Islam unter einer gerechten Herrschaft verstehe. Zudem stelle die Demokratie ein Gegenmittel gegen die Tyrannei dar. Demokratie und Menschenrechte seien lediglich zeitgenössische Umsetzungen der im Koran niedergelegten Prinzipien einer gerechten Herrschaft auf Erden.

Shabestari relativiert die zeitlos gültige Herrschaft der Schariavorschriften, indem er zum einen die Willensfreiheit des Menschen und die Notwendigkeit eines freiwilligen Glaubens betont. »Freiheit und Gleichheit« sieht er in einer Demokratie verwirklicht.[50] Sodann hinterfragt er die Fähigkeit des Menschen zur Erkenntnis der absoluten Wahrheit und relativiert die Verbindlichkeit der Umsetzung aller Anweisungen aus den religiösen Texten, indem er schlussfolgert, dass sie in wörtlicher Hinsicht nur zur Zeit ihrer Offenbarung gegolten hätten. Der »Kern der göttlichen Botschaft« gelte ewig, nicht jedoch ihre damalige gesellschaftliche Umsetzung.[51]

Einerseits klingt Shabestaris Ansatz zwar vielversprechend, andererseits jedoch kann er den Mangel einer konkreten Begründung für Menschen-, Frauen- und Freiheitsrechte aus den Texten des Islam nicht beseitigen. Auch kann ein solcher Ansatz die Anweisungen aus Koran und Überlieferung zum Kampf gegen Ungläubige oder Apostaten oder die Benachteiligung von Frauen nicht wirksam widerlegen bzw. außer Kraft setzen. Shabestari führt zwar das hermeneutische Prinzip der Vernunft und der historisierenden Textbetrachtung ein, erläutert aber weder das ihm zugrunde liegende übergeordnete Prinzip, nach dem die einen Texte für ihn noch voll gültig, die anderen in die Geschichte verwiesen werden, noch erklärt er, welche Texte zu welchen Kategorien gehören. Damit hat er seine eigene Hermeneutik als Filter vor das herkömmliche Textverständnis geschaltet – damit aber weder die Brisanz der Textstellen, die nicht mit den Menschenrechten kompatibel sind, entschärft noch ein Modell der Textinterpretation gefunden, dem eine breitere Anhängerschaft zuteil werden wird.

Mohsen Kadivar

Der schiitische Geistliche, Philosoph und Schriftsteller Mohsen Kadivar (geb. 1959) hat sich ebenfalls prominent zum Thema Demokratie geäußert.[52] Für ihn existieren zwei Lesarten des Koran: die eine, traditionelle, führe zu einer Beschneidung von Rechten für Nicht-Muslime, Frauen und Andersdenkende, die andere, moderne, zur Gleichberechtigung, Religions- und Meinungsfreiheit; mit diesem Islam sind Demokratie und Freiheit möglich. Dabei geht Kadivar so weit, festzustellen, dass die Unvereinbarkeit des Islam mit Demokratie und Menschenrechten nicht nur in der Auslegung des Koran, sondern in seinem Wortlaut begründet liegt.

Kadivar unterteilt die Lehre des Islam in vier Bereiche: Die ersten drei sind religiös-ethische Größen wie der Glaube an Gott und Muhammad, Ethik, Moral und das Gebet. Diese sind unveränderlich und für alle Zeiten gültig. Der vierte Bereich betrifft sämtliche gesellschaftlichen und politischen Regelungen des Islam wie die Frauenrechte, das Strafrecht, das Individualrecht oder etwa die im Iran genau vorgegebenen Kleidungsregeln. Dieser vierte Bereich ist seiner Meinung nach veränderbar und muss in jedem Zeitalter an die jeweiligen Gegebenheiten angepasst werden. Kadivar plädiert also für eine Historisierung des Rechts und spricht damit dem traditionellen Schariaverständnis seine Berechtigung ab. Bahman Nirumand fasst die Sicht Kadivars so zusammen: »*Wie die Menschen ihr Zusammenleben regeln, wie sie also die Politik, Erziehung und Bildung gestalten, wie sie Verbrechen und Vergehen ahnden – das regeln der Verstand, die Vernunft, die Erfahrung, die Wis-*

senschaft – aufgrund realer Verhältnisse – die sich permanent verändern. Das bedeutet jedoch in letzter Konsequenz, dass die islamische Gesetzgebung neu geschrieben und sich die Politik von der Religion trennen müsste.«[53]

Kadivar erkennt in der traditionellen Interpretation des Islam und der Scharia keinerlei Raum für Demokratie und ebenbürtige Rechte aller Menschen, unabhängig von ihrer Religion, ihrem Geschlecht und ihrer gesellschaftlichen Position.[54] In diesem Zusammenhang äußert er sich besonders kritisch über die benachteiligte Stellung der Frau in islamisch geprägten Ländern. Er erkennt und benennt Widersprüche zwischen bestimmten Aussagen des Koran, der Überlieferung und den Menschenrechten. Für Kadivar liegt die Lösung darin, bestimmte Regelungen der heiligen Schriften lediglich als zeitbedingt gelten zu lassen. Kadivar gehört zu den mutigsten und grundsätzlichsten Kritikern der gegenwärtigen Machtverhältnisse im Iran und der traditionellen Theologie, was ihm bereits eine zeitweise Inhaftierung eintrug: Im Jahr 1999 wurde er aufgrund seiner kritischen Äußerungen zu 18 Monaten Gefängnisstrafe im berüchtigten Teheraner Evin-Gefängnis verurteilt. Seit 2008 lebt er im US-amerikanischen Exil.

Abdolkarim Soroush

Noch bekannter als Shabestari dürfte der iranische Intellektuelle und Philosoph Abdolkarim Soroush (geb. 1945) sein,[55] dessen eigentlicher Name Hossein Haj Farajullah Dabbagh lautet. Er ist einer der bedeutendsten Vertreter der Reformbewegung im Iran, der religiös, nicht säkular argumentiert, aber dennoch Menschenrechte und Freiheitsrechte abseits des traditionellen Schariaverständnisses befürwortet. Die Religion und ihre obersten Wahrheiten sind für Soroush göttlich, ewig und unveränderlich, nicht aber das, was die Menschen von diesen Wahrheiten als religiöses Wissen zu besitzen glauben und wie sie diese Wahrheiten interpretieren. Hier kann es für ihn keine absoluten Gewissheiten geben, denn Gottes Gesetz ist für den Menschen letztlich unergründlich, und die Erkenntnis der Menschen wandelt sich. Etwas Inhumanes oder Unvernünftiges könne in keinem Fall Wahrheit sein, denn etwas Unvernünftiges entspräche nicht Gottes Willen: »*Es ist der Verstand, der die Wahrheit identifiziert.*«[56]

Für Soroush ist nicht Gott der Autor des Koran, sondern Muhammad. Daher gibt es aus seiner Sicht im Koran einerseits unaufgebbare, ewig gültige Wahrheiten und Prinzipien (wie etwa Gottes Gerechtigkeit oder die Lehre vom Leben nach dem Tod), die von zeitbedingten Anweisungen zu unterscheiden seien; es ständen also nicht alle Aussagen gleichbedeutend nebeneinander. Als zeitbedingt und zweitrangig betrachtet Soroush zum Beispiel die Befolgung des islamischen Strafrechts – aber seine Forderung, die herkömmliche ahistorische Betrachtungsweise der Offenbarung zu reformieren und zu einer zeitgemäßen Auslegung der Scharia zu gelangen, verbindet er nicht mit einer grundsätzlich-säkularen Kritik am Islam oder der Scharia als solcher. Vielmehr fügt Soroush die Religion in ein System ein, in dem das oberste Prinzip die Vernunft ist. Sein Ziel ist die Errichtung einer religiösen Demokratie,[57] die auf der Vernunft gründet und die Menschen ihre Religion gemäß ihrer eigenen Überzeugung umsetzen lässt, nicht aufgrund von Zwang und Gesetz. In dieser Demokratie, die die Menschenrechte achte, sei die Religion am besten vor Machtmissbrauch geschützt, also am besten aufgehoben. Für Soroush ist es vernünftig und daher das Gebot der Stunde, Menschenrechte und Demokratie aus anderen (nicht-islamischen) Staaten zu übernehmen. Die Vernunft erlaube eine neue Deutung der islamischen Quellen, denn das, was aus der Perspektive der Vernunft gut ist, kann nicht im Gegensatz zum Islam stehen. Notwendiges Ziel ist für Soroush die Entstehung einer religiös begründeten Demokratie, also einer Demokratie, in der jeder Bürger seinen Glauben leben kann, aber nicht durch Gewalt dazu gezwungen wird.[58]

Dieser Ansatz, der zwischen dem auf ewig offenbarten Wort und Gesetz Gottes und der mit Fehlern behafteten menschlichen Auslegung und Anwendung unterscheidet, ist schon früher von Theologen und Intellektuellen vorgebracht worden. Sie haben versucht, eine Alternative zur vorherrschenden Textinterpretation zu finden, ohne gleichzeitig den ewig gültigen göttlichen Anspruch des Koran und der Scharia opfern zu müssen. Wenn nicht die Scharia an sich, aber ihre Auslegung diskutierbar wird, werden die Inhalte der Scharia grundsätzlich als historische und damit veränderbare Größe definiert – doch bliebe dann immer noch ein langer Weg zur Begründung von Gleichberechtigung, Freiheits- und Menschenrechten.

IV. Ausblick: Hat die Demokratie in islamisch geprägten Ländern eine Chance?

Wenn die Scharia als ein Kompendium von Geboten aus der Zeit des 7. bis 10. Jahrhunderts n. Chr. der Arabischen Halbinsel von der etablierten Theologie weiter als unaufgebbares Gottesgesetz gelehrt wird, und wenn Muhammad weiterhin als nicht hinterfragbares zeitloses Vorbild, nicht nur in religiösen Belangen, sondern auch in seiner Funktion als Gesetzgeber und Heerführer betrachtet wird, dann wird es weiterhin schwierig bleiben, dass Meinungs- und politische Freiheiten, Gleichheitsrechte von Frauen und Männern, Muslimen und Nicht-Muslimen, die Gewaltenteilung, die Rechtsstaatlichkeit und die Gewissens- wie Religionsfreiheit in islamisch geprägten Ländern gedeihen. Demokratie entsteht nicht einfach von selbst und kann von außen zwar unterstützt, aber nur sehr bedingt an die Region herangetragen werden. Demokratie braucht einen Untergrund, um wachsen und gedeihen zu können, also ideengeschichtliche Ableitungen und Begründungen, die auf übergeordneten, von einer Mehrheit anerkannten weltanschaulichen Grundlagen basieren und aus diesen heraus erklärt werden können. Angesichts einer in islamisch geprägten Ländern – bei aller Unterschiedlichkeit in der religiösen Bindung und Praxis der Einzelnen – insgesamt relativ starken Identifikation mit der Religion und den religiösen Werten des Islam kommt der islamischen Theologie eine Schlüsselrolle dabei zu, eine Versöhnung der klassischen islamischen Theologie mit Menschen-, Frauen- und Freiheitsrechten (inklusive der Religionsfreiheit) zu finden – sonst wird es auf Dauer wohl kaum möglich sein, stabile demokratische Strukturen in dieser Region entstehen zu lassen. Das Vorbild der Türkei allein reicht nicht aus, solange man vor allem im arabischen Raum das Grundprinzip der türkischen Politik, die Trennung von Staat und Religion, als Zukunftsmodell weit von sich weist.

Soll sich die Region entwickeln, ist vieles nötig: die Schaffung vieler Arbeits- und Ausbildungsplätze, eines funktionierenden Bildungssystems, Anreize zu Investitionen und Unternehmertum sowie Rechtssicherheit und die Garantie von Freiheitsrechten. Das alles braucht eine weltanschauliche Begründung, einen ideengeschichtlichen Überbau, mit dem sich die Mehrheit der Bevölkerung identifiziert. Auch die Protestierenden der Arabellion haben diesen ideengeschichtlichen Überbau nicht vorzuweisen: Sie haben sich gegen die allgegenwärtige Unterdrückung verbündet, waren sich über die konkrete Gestaltung der Zukunft dann jedoch denkbar uneinig, zumal die bisherigen Diktaturen kein freiheitliches Denken und Handeln zuließen, auf dem jetzt aufgebaut werden könnte. Es sind jedoch nicht nur Freiheitsrechte nötig, sondern dringend auch wirtschaftliche Entwicklungen. Denn ohne eine gerechte Verteilung des Ölreichtums beziehungsweise eine Entwicklung der Region wird es kaum möglich sein, Demokratien zu etablieren. Kommt es zu einer weiteren Verschlechterung der Lebensbedingungen einer breiten Bevölkerungsmehrheit, kann der Islamismus durchaus weiter an Boden gewinnen. Den Menschen dieser Region sind vermehrte Freiheitsrechte und wirtschaftliche Entwicklungen dringend zu wünschen – die grundsätzliche Begründung dieser Freiheitsrechte beziehungsweise die Suche nach einer ideengeschichtlichen Herleitung dieser Freiheitsrechte, die von der Mehrheit getragen wird, hat abseits der kritisch-progressiven Intellektuellenschicht jedoch bisher noch nicht einmal begonnen.

Literatur

- Adonis. Die Sackgasse der Moderne in der arabischen Gesellschaft. In: Erdmute Heller; Hassouna Mosbahi (Hg.). Islam, Demokratie, Moderne. Aktuelle Antworten arabischer Denker. München: C. H. Beck, 1998, S. 62–71
- Sarah Albrecht. Islamisches Minderheitenrecht. Yusuf al-Qaradawis Konzept des fiqh al-aqalliyat. Würzburg: Ergon, 2010
- Sami A. Aldeeb Abu-Sahlieh. Le Délit d'Apostasie aujourd'hui et ses Conséquences en Droit Arabe et Musulman. In: Islamochristiania (20) 1994, S. 93–116
- Katajun Amirpur. Unterwegs zu einem anderen Islam. Texte iranischer Denker. Freiburg: Herder, 2009
- Allgemeine Erklärung der Menschenrechte im Islam. http://www.way-to-allah.com/dokument/Internationale%20Menschenrechte-Deklaration%20im%20Islam.pdf (18. 12. 2012)
- Katajun Amirpur; Ludwig Amman (Hg.). Der Islam am Wendepunkt. Liberale und konservative Reformer einer Weltreligion. Freiburg: Herder, 2006
- Ludwig Amman. Cola und Koran. Das Wagnis einer islamischen Renaissance. Freiburg: Herder, 2004
- Amnesty International Report 2011. Zur weltweiten Lage der Menschenrechte. Frankfurt: S. Fischer, 2011
- Cheryl Benard. Civil Democratic Islam. Partners, Resources, and Strategies. Santa Monica: Rand Corporation, 2003
- Wolfgang Bergsdorf (Hg.). Christoph Martin Wieland Vorlesungen: Mohammad M. Shabestari. Der Islam und die Demokratie. Erfurt: Sutton Verlag, 2003
- Heiner Bielefeldt. Muslime im säkularen Rechtsstaat. Integrationschancen durch Religionsfreiheit. Bielefeld: Transcript, 2003
- Ernst-Wolfgang Böckenförde. Staat, Gesellschaft, Freiheit. Frankfurt: Suhrkamp, 1976
- Katrin Brettfeld; Peter Wetzels. Muslime in Deutschland. Eine Studie des Bundesinnenministeriums zu Integration, Integrationsbarrieren, Religion und Einstellungen zu Demokratie, Rechtsstaat und politisch-religiös motivierter Gewalt. Ergebnisse von Befragungen im Rahmen einer multizentrischen Studie in städtischen Lebensräumen. Hamburg: Universität Hamburg, 2007
- Manfred Brocker; Tine Stein (Hg.). Christentum und Demokratie. Darmstadt: WGB, 2006

- Wilfried Buchta. Irans Reformdebatte um Theokratie versus Demokratie. In: Hans Zehetmair (Hg.). Der Islam im Spannungsfeld von Konflikt und Dialog. Wiesbaden: VS, 2005, S. 220–235
- Democracy Index 2011. Democracy under Stress. A Report from the Economist Intelligence Unit. http://www.sida.se/Global/About%20 Sida/Så%20arbetar%20vi/EIU_Democracy_Index_Dec2011.pdf (18.12.2012)
- Demokratie braucht Tugenden. Gemeinsames Wort des Rates der Evangelischen Kirche in Deutschland und der Deutschen Bischofskonferenz zur Zukunft unseres demokratischen Gemeinwesens. Kirchenamt der EKD/Sekretariat der Deutschen Bischofskonferenz: Hannover/Bonn, 2006
- Die Kairoer Erklärung für Menschenrechte im Islam. http://www. dailytalk.ch/wp-content/uploads/Kairoer%20Erklaerung%20 der%20OIC.pdf (18.12.2012)
- Anne Duncker. Menschenrechte im Islam. Eine Analyse islamischer Erklärungen über die Menschenrechte. Berlin: Wissenschaftlicher Verlag, 2006
- Kevin Dwyer. Arab Voices. The Human Rights Debate in the Middle East. London: Routledge, 1991
- Evangelische Kirche und Freiheitliche Demokratie. Der Staat des Grundgesetzes als Angebot und Aufgabe. Eine Denkschrift der Evangelischen Kirche in Deutschland. Gütersloh: Gütersloher Verlagshaus Gerd Mohn, 1985
- Martin Forstner. Das Menschenrecht der Religionsfreiheit und des Religionswechsels als Problem der islamischen Staaten. In: Kanon. Kirche und Staat im Christlichen Osten. Jahrbuch der Gesellschaft für das Recht der Ostkirchen. Wien: Verlag des Verbandes der wissenschaftlichen Gesellschaften Österreichs, 1991, S. 105–186
- Freedom in the World 2012. The Arab Uprisings and their Global Repercussions. http://www.freedomhouse.org/sites/default/files/ FIW%202012%20Booklet_0.pdf (18.12.2012)
- Theodore Gabriel. Christian Citizens in an Islamic State. The Pakistan Experience. Ashgate Aldershot: Publishing Limited, 2007
- Martin Greschat; Jochen-Christoph Kaiser (Hg.). Christentum und Demokratie im 20. Jahrhundert. Stuttgart: Kohlhammer, 1992
- Armin Hasemann. Zur Apostasiediskussion im modernen Ägypten. In: Die Welt des Islam 42/1 (2002), S. 72–121
- Jeffrey Haynes (Hg.). Democratization. Special Issue: Religion and Democratizations. 16/6 (2009)

- Erdmute Heller; Hassouna Mosbahi (Hg.). Islam, Demokratie, Moderne. Aktuelle Antworten arabischer Denker. München: C. H. Beck, 1998
- Murad Hofmann. Der Islam im 3. Jahrtausend. Eine Religion im Aufbruch. Kreuzlingen: Diederichs, 2000
- Gerhard Höver. Grundwerte und Menschenrechte im Islam. In: Bernhard Mensen SVD (Hg.). Grundwerte und Menschenrechte in verschiedenen Kulturen. Siegburg: Akademie Völker und Kulturen St. Augustin/Steyler Verlag, 1988, S. 37–51
- William J. Hoye. Demokratie und Christentum. Die christliche Verantwortung für demokratische Prinzipien. Münster: Aschendorff, 1999
- Carsten Jürgensen. Demokratie und Menschenrechte in der arabischen Welt. Positionen arabischer Menschenrechtsaktivisten. Hamburg: Deutsches Orient-Institut, 1994
- Katharina Knüppel. Religionsfreiheit und Apostasie in islamisch geprägten Staaten. Frankfurt: Peter Lang, 2010
- Der Koran. Rudi Paret. Stuttgart: Kohlhammer, 1980[2]
- Gudrun Krämer. Gottes Staat als Republik. Reflexionen zeitgenössischer Muslime zu Islam, Menschenrechten und Demokratie. Baden-Baden: Nomos, 1999
- Gudrun Krämer. Demokratie im Islam. Der Kampf für Toleranz und Freiheit in der arabischen Welt. München: C. H. Beck, 2011
- Birgit Krawietz. Die Hurma. Schariarechtlicher Schutz vor Eingriffen in die körperliche Unversehrtheit nach arabischen Fatwas des 20. Jahrhunderts. Berlin: Duncker & Humblot, 1991
- Hans Maier. Demokratischer Verfassungsstaat ohne Christentum – Was wäre anders? St. Augustin/Berlin: Konrad-Adenauer-Stiftung, 2006
- Paul Marshall (Hg.). Religious Freedom in the World. Lanham: Rowman & Littlefield Publ. Inc., 2008
- Paul Marshall; Nina Shea. Silenced. How Apostasy & Blasphemy Codes are Choking Freedom Worldwide. Oxford: Oxford University Press, 2011
- Sayyid Abul A'la Maududi. Islamic Way of Life. Lahore: Islamic Publications Ltd., 1950/1965[3]/1986
- S. Abu A'la Mawdudi. The Islamic Law and Constitution. Lahore: Islamic Publications Ltd., 1955/1980[7]
- S. Abul A'la Maududi. Ethical Viewpoint of Islam. Lahore: Islamic Publications Ltd., 1966[2]/1967[3]
- Ann Elizabeth Mayer. Islam and Human Rights. Tradition and Politics. Boulder: Westview Press, 1995

- Wolfgang Merkel. Religion, Fundamentalismus und Demokratie. In: Wolfgang Schluchter (Hg.). Fundamentalismus, Terrorismus, Krieg. Weilerswist: Velbrück, 2003
- Thomas Meyer. Was ist Demokratie? Eine diskursive Einführung. Wiesbaden: VS, 2009
- Lorenz Müller. Islam und Menschenrechte. Sunnitische Muslime zwischen Islamismus, Säkularismus und Modernismus. Hamburg: Deutsches Orient-Institut, 1996
- Bahman Nirumand. Der iranische Reformer Mohsen Kadivar. Anpassung an zeitgemäße Lesarten des Islam. http://de.qantara.de/Anpassung-an-zeitgemaesse-Lesarten-des-Islam/849c812i1p97/ (18.12.2012)
- Yusuf al-Qaradawi. al-halal wa-'l-haram fi 'l-islam. Dar ihya' al-kutub al-arabiya: Kairo, 1960
- Jusuf al-Qaradawi. Erlaubtes und Verbotenes im Islam. München: SKD Bavaria, 1989
- Yusuf al-Qaradawi. fi fiqh al-aqalliyat al-muslima. hayat al-muslimin wasat al-mujtama'at al-uhra, Kairo: Dar ash-shuruq, 2001
- Anton Rauscher (Hg.). Die fragile Demokratie – The Fragility of Democracy. Berlin: Duncker & Humblot, 2007
- Mahmoud Sadri; Ahmad Sadri (Hg.). Reason, Freedom, and Democracy in Islam. Oxford: Oxford University Press, 2000
- Thomas Schirrmacher. Demokratie und christliche Ethik. In: Aus Politik und Zeitgeschichte 14/2009. http://www.bpb.de/apuz/32086/demokratie-und-christliche-ethik?p=all (18.12.2012)
- Thomas Schirrmacher. Menschenrechte. Anspruch und Wirklichkeit. Holzgerlingen: SCM Hänssler, 2012
- Manfred G. Schmidt. Demokratietheorien. Eine Einführung. Wiesbaden: VS, 2008
- Ursi Schweizer. Muslime in Europa. Staatsbürgerschaft und Islam in einer liberalen und säkularen Demokratie. Berlin: Klaus Schwarz, 2008
- Roman Seidel. Porträt Shabestari. Glaube, Freiheit und Vernunft, Qantara: 01.12.2004, http://de.qantara.de/Glaube-Freiheit-und-Vernunft/3240c3334i1p396/ (05.11.2012)
- Mohammad Mojtahed Shabestari. Demokratie und Religiosität. In: Katajun Amirpur. Unterwegs zu einem anderen Islam. Texte iranischer Denker. Freiburg: Herder, 2009, S. 25–36
- Shahid Shaykh Sayyid Qutb. Ma'alim fi t-tariq. Zeichen auf dem Weg. Köln: Al-Azr/M. Rassoul, 2005
- Ali Abdallah Siddiq. Human Rights in Islam. In: The Muslim World League Journal, Vol. 25, No. 8, December 1997, S. 35–39

- Hannes Stein. Moses und die Offenbarung der Demokratie. Berlin: Rowohlt, 1998
- Mahmoud Mohamed Taha. The Second Message of Islam. Translation and Introduction by Abdullahi Ahmed an-Na'im. Syracuse: Syracuse University Press, 1987
- Bassam Tibi. Im Schatten Allahs. Der Islam und die Menschenrechte. München: Piper, 1996
- Gereon Vogel. Blasphemie. Die Affäre Rushdie in religionswissenschaftlicher Sicht. Zugleich ein Beitrag zum Begriff der Religion. Frankfurt: Peter Lang, 1997
- Thomas Zimmermanns. Demokratie aus christlicher Sicht. Bonn: VKW, 2008

Anmerkungen

[1] Wolfgang Merkel. Religion, Fundamentalismus und Demokratie. In: Wolfgang Schluchter (Hg.). Fundamentalismus, Terrorismus, Krieg. Weilerswist: Velbrück, 2003, S. 61–85, zitiert nach: Manfred Brocker; Tine Stein. Einleitung. In: Diess. (Hg.). Christentum und Demokratie. Darmstadt: WGB, 2006, S. 7–13, hier S. 8

[2] Vgl. dazu etwa die Erhebungen: Democracy Index 2011. Democracy under Stress. A Report from the Economist Intelligence Unit. http://www.sida.se/Global/About%20Sida/Så%20arbetar%20vi/EIU_Democracy_Index_Dec2011.pdf (18.12.2012) und: Freedom in the World 2012. The Arab Uprisings and their Global Repercussions. http://www.freedomhouse.org/sites/default/files/FIW%202 012 %20Booklet_0.pdf (18.12.2012)

[3] MENA: Middle East and North Africa

[4] So etwa auch von Thomas Meyer. Was ist Demokratie? Eine diskursive Einführung. Wiesbaden: VS Verlag, 2009, S. 16

[5] Thomas Schirrmacher. Demokratie und christliche Ethik. In: Aus Politik und Zeitgeschichte 14/2009. http://www.bpb.de/apuz/32 086/demokratie-und-christliche-ethik?p=all (18.12.2012)

[6] William J. Hoye. Demokratie und Christentum. Die christliche Verantwortung für demokratische Prinzipien. Münster: Aschendorff, 1999, S. 366

[7] Demokratie braucht Tugenden. Gemeinsames Wort des Rates der Evangelischen Kirche in Deutschland und der Deutschen Bischofskonferenz zur Zukunft unseres demokratischen Gemeinwesens. Hannover/Bonn: Kirchenamt der EKD/Sekretariat der Deutschen Bischofskonferenz, 2006, S. 12

[8] Ebd. S. 14

[9] Hans Maier vertritt etwa die Auffassung, dass die Entstehung demokratischer Verfassungsstaaten ohne das Christentum so nicht möglich gewesen wäre: Hans Maier. Demokratischer Verfassungsstaat ohne Christentum – Was wäre anders? St. Augustin/Berlin: Konrad-Adenauer-Stiftung, 2006

[10] So formuliert William J. Hoye. Demokratie und Christentum. Die christliche Verantwortung für demokratische Prinzipien. Münster: Aschendorff, 1999, S. 35

[11] So Heiner Bielefeldt. Muslime im säkularen Rechtsstaat. Integrationschancen durch Religionsfreiheit. Bielefeld: Transcript, 2003, S. 23

[12] Vgl. die ausführlichen Erläuterungen zum Verhältnis zwischen dem religionsneutralen Staat und den Kirchen bei Maria Pottmeyer. Religiöse Kleidung in der öffentlichen Schule in Deutschland und England. Staatliche Neutralität und individuelle Rechte im Rechtsvergleich, Tübingen: 2011, bes. S. 34 ff.; 148 ff.; 164 ff.; 178 ff.

[13] Ernst-Wolfgang Böckenförde. Staat, Gesellschaft, Freiheit. Frankfurt: Suhrkamp, 1976, S. 60

[14] S. etwa die Einschätzung der Konrad-Adenauer-Stiftung »Nur wenige Ägypter teilen Erdogans Haltung«. http://www.kas.de/wf/de/3329819/ (18.12.2012)

[15] Carsten Jürgensen. Die Menschenrechtsdebatte. In: Sigrid Faath (Hg.). Politische und gesellschaftliche Debatten in Nordafrika, Nah- und Mittelost. Hamburg: Deutsches Orient-Institut, 2004, S. 295–318, hier S. 296

[16] Vgl. die Selbstdarstellung: The Arab Organization for Human Rights: http://www.aohr.net/ (05.11.2012)

[17] Vgl. die Selbstdarstellung: The Egyptian Organzisation for Human Rights: http://en.eohr.org/ (18.12.2012)

[18] http://en.eohr.org/about/ (18.12.2012)

[19] Vgl. den Text unter: http://www.dailytalk.ch/wp-content/uploads/Kairoer%20Erklaerung%20der%20OIC.pdf (18.12.2012)

[20] Vgl. den Text unter: http://www.way-to-allah.com/dokument/Internationale%20Menschenrechte-Deklaration%20im%20Islam.pdf (18.12.2012)

[21] So Anne Duncker. Menschenrechte im Islam. Eine Analyse islamischer Erklärungen über die Menschenrechte. Berlin: Wissenschaftlicher Verlag, 2006, S. 27

[22] Allgemeine Erklärung der Menschenrechte im Islam. http://www.way-to-allah.com/dokument/Internationale%20Menschenrechte-Deklaration%20im%20Islam.pdf (18.12.2012), S. 1

[23] Die OIC steht in enger Verbindung zur Islamischen Weltliga (Muslim World League) in Mekka. http://www.muslimworldleague.org/mwlwbsite_eng/index.htm (18.12.2012)

[24] So Anne Duncker. Menschenrechte im Islam. Eine Analyse islamischer Erklärungen über die Menschenrechte. Berlin: Wissenschaftlicher Verlag, 2006, S. 62

[25] Kairoer Erklärung der Menschenrechte. http://www.dailytalk.ch/wp-content/uploads/Kairoer%20Erklaerung%20der%20OIC.pdf (18.12.2012), S. 1

[26] Ebd.

[27] Vgl. die Schilderung des Falles etwa bei Armin Hasemann. Zur Apostasiediskussion im modernen Ägypten. In: Die Welt des Islam 42/1 (2002), S. 72–121

[28] Einige Beispiele aus den entsprechenden Textpassagen der Verfassungen von Syrien, Jordanien, Algerien, Jemen, Mauretanien und Marokko, die Religionsfreiheit garantieren, s. bei: Sami A. Aldeeb Abu-Sahlieh. Le Délit d'Apostasie aujourd'hui et ses Conséquences en Droit Arabe et Musulman. In: Islamochristiania (20) 1994, S. 93–116, hier S. 96 ff.

[29] MENA: Die Region Nordafrika und Naher Osten

[30] Ali al-Nasani. Menschenrechte im Islam. amnesty international. 01/2002, http://www.amnesty.de/umleitung/2002/deu05/010?lang=de%26mimetype%3dtext%2fhtml (18.12.2012)

[31] Birgit Krawietz. Die Hurma. Schariarechtlicher Schutz vor Eingriffen in die körperliche Unversehrtheit nach arabischen Fatwas des 20. Jahrhunderts. Berlin: Duncker & Humblot, 1991, S. 77

[32] Bassam Tibi. Im Schatten Allahs. Der Islam und die Menschenrechte. München: Piper, 1996, S. 45

[33] Adonis. Die Sackgasse der Moderne in der arabischen Gesellschaft. In: Erdmute Heller; Hassouna Mosbahi (Hg.). Islam, Demokratie, Moderne. Aktuelle Antworten arabischer Denker. München: C. H. Beck, 1998, S. 62–71, hier S. 69

[34] Vgl. dazu besonders Maududis politische Ethik: S. Abu A'la Mawdudi. The Islamic Law and Constitution. Lahore: Islamic Publications Ltd., 1955/1980[7], S. 123 ff.

[35] So erläutert Maududi in seinem Werk: S. Abul A'la Maududi. Ethical Viewpoint of Islam. Lahore: Islamic Publications Ltd., 1966[2]/1967[3], S. 26

[36] Vgl. etwa Maududis Ausführungen über das »Moralische System des Islam« in seinem Werk: Sayyid Abul A'la Maududi. Islamic Way of Life. Lahore: Islamic Publications Ltd., 1950/1965[3]/1986, S. 31 ff.

[37] Shahid Shaykh Sayyid Qutb. Ma'alim fi t-tariq. Zeichen auf dem Weg. Köln: Al-Azr/M. Rassoul, 2005, S. 70–71

[38] Ebd., S. 11

[39] Ebd., S. 44

[40] »Democracy is a man-made system, meaning rule by the people for the people. Thus it is contrary to Islam, because rule is for Allaah, the Most High, the Almighty, and it is not permissible to give legislative rights to any human being, no matter who he is.« http://islam-qa.com/en/ref/107166 (05.11.2012)

[41] Sarah Albrecht. Islamisches Minderheitenrecht. Yusuf al-Qaradawis Konzept des fiqh al-aqalliyat, Würzburg: Ergon, 2010, S. 19 f.

[42] Yusuf al-Qaradawi widmete sich der besonderen Situation islamischer Minderheiten in nicht-islamischen Gesellschaften in Artikeln, Fatwas und in seinem Werk fi fiqh al-aqalliyat al-muslima. hayat al-muslimin wasat al-mujtama'at al-uhra. Kairo: Dar ash-shuruq, 2001

[43] Vgl. etwa die deutsche Fassung seines Werkes: Jusuf al-Qaradawi. Erlaubtes und Verbotenes im Islam. München: SKD Bavaria, 1989, an diesen Punkten mit dem arabischen Original: al-halal wa-'l-haram fi 'l-islam. Dar ihya' al-kutub al-arabiya. Kairo, 1960

[44] So ermittelte etwa die Studie »Muslime in Deutschland« aus dem Jahr 2007 folgende Zahlen: 46,7 % stimmen »eher« oder »völlig zu«, dass »die Befolgung der Gebote meiner Religion (...) für mich wichtiger (ist) als Demokratie«. Katrin Brettfeld/Peter Wetzels. Muslime in Deutschland. Eine Studie des Bundesinnenministeriums zu Integration, Integrationsbarrieren, Religion und Einstellungen zu Demokratie, Rechtsstaat und politisch-religiös motivierter Gewalt. Ergebnisse von Befragungen im Rahmen einer multizentrischen Studie in städtischen Lebensräumen. Hamburg: Universität Hamburg, 2007, S. 141

[45] Murad Hofmann. Der Islam im 3. Jahrtausend. Eine Religion im Aufbruch. Kreuzlingen: Diederichs, 2000, S. 116

[46] Ebd., S. 99–100

[47] Murad Hofmann. Der Islam als Alternative: München: Diederichs, 1992, S. 77

[48] So formuliert Gereon Vogel. Blasphemie. Die Affäre Rushdie in religionswissenschaftlicher Sicht. Zugleich ein Beitrag zum Begriff der Religion. Frankfurt: Peter Lang, 1997, S. 30

[49] Vgl. Tahas eigene Erläuterungen in seiner Schrift: Mahmoud Mohamad Taha. The Second Message of Islam. Translation and Introduction by Abdullahi Ahmed an-Na'im. Syracuse: Syracuse University Press, 1987

50 Vgl. etwa seinen Text: Mohammad Mojtahed Shabestari. Demokratie und Religiosität. In: Katajun Amirpur. Unterwegs zu einem anderen Islam. Texte iranischer Denker. Freiburg: Herder, 2009, S. 25–36, hier S. 28

51 Roman Seidel. Porträt Shabestari. Glaube, Freiheit und Vernunft. http://de.qantara.de/Glaube-Freiheit-und-Vernunft/3240c3334i1p396/ (18.12.2012)

52 Zahlreiche Veröffentlichungen finden sich auf seiner eigenen Homepage: http://en.kadivar.com/ (18.12.2012)

53 Bahman Nirumand. Der iranische Reformer Mohsen Kadivar. Anpassung an zeitgemäße Lesarten des Islam. http://de.qantara.de/Anpassung-an-zeitgemaesse-Lesarten-des-Islam/849c812i1p97/ (18.12.2012)

54 Ebd.

55 Vgl. seine persönliche Webseite http://www.drsoroush.com/index.htm (18.12.2012)

56 »It is reason that defines truth.« Mahmoud Sadri; Ahmad Sadri (Hg.). Reason, Freedom, and Democracy in Islam. Oxford: Oxford University Press, 2000, S. 127

57 Vgl. seine Ausführungen über die Vereinbarkeit von Religion und Toleranz ebd., S. 138 ff.

58 Vgl. die Angaben zu Leben und Werk von Abdolkarim Soroush auf seiner eigenen Homepage: http://www.drsoroush.com/English.htm (18.12.2012)

Thomas Schirrmacher

Koran und Bibel
Die größten Religionen
im Vergleich

Taschenbuch, 12 x 19 cm, 128 Seiten
Nr. 394.802,
ISBN 978-3-7751-4802-3

Zwei Weltreligionen – zwei weltumspannende Bücher: Bibel
und Koran. Beide werden zigmillionenfach verbreitet. Ihre
Inhalte schreiben Weltgeschichte. Doch in Entstehung, Stil
und Botschaft können zwei Bücher kaum unterschiedlicher
sein. Endlich erfährt der Leser kurz und bündig, was die beiden
eint und vor allem trennt.

Bitte fragen Sie in Ihrer Buchhandlung nach diesem Buch!
Oder schreiben Sie an: SCM Hänssler, D-71087 Holzgerlingen;
E-Mail: info@scm-haenssler.de; Internet: www.scm-haenssler.de

Christine Schirrmacher

Die Scharia
Recht und Gesetz im Islam

Taschenbuch, 12 x 19 cm, 96 Seiten
Nr. 394.657,
ISBN 978-3-7751-4657-9

Das Thema »Scharia« ist heute in vieler Munde. Oft ist inhaltlich unklar, was darunter zu verstehen ist. Es geht nicht nur
um religiöse Gebote, sondern auch um Familien-, Erb- und
Strafrecht. Dieses Buch erläutert allgemeinverständlich Entstehung, Grundlagen, Inhalt und Bedeutung der Scharia für
Europa.

Bitte fragen Sie in Ihrer Buchhandlung nach diesem Buch!
Oder schreiben Sie an: SCM Hänssler, D-71087 Holzgerlingen;
E-Mail: info@scm-haenssler.de; Internet: www.scm-haenssler.de